REVERSÍVEIS

REVEЯSÍVEIS
Três peças e um conto-peça

Nick Farewell

DEVIR LIVRARIA

Copyright © 2013 by Nick Farewell
Todos os direitos reservados.

EQUIPE DE REALIZAÇÃO
Editor   Douglas Quinta Reis
Revisão   Almiro Dottori Filho,
                  José Araujo e Douglas Quinta Reis
Diagramação   Vitor Yamana e Tino Chagas
Capa   Marcus Kawamura
Ilustração da Capa: Hugo Cafasso
Ilustração Interna: Rodrigo Okuyama

DEV333096
isbn: 978-85-7532-557-5
1ª edição — publicado em outubro de 2013

Os personagens e as situações desta obra são reais apenas no universo da ficção; não se referem a pessoas e fatos concretos, e sobre eles não emitem opinião.

Dados Internacional de Catalogação na Publicação (CIP)
(Câmara Brasileira do Livro, SP, Brasil)

Farewell, Nick
   Reversíveis : três peças e um conto-peça : Nick Farewell
— São Paulo — Devir — 2013

   ISBN 978-85-7532-557-5

   1. Dramaturgia 2. Peças de Teatro 3. Teatro — Roteiros 4. Teatro — Textos 5. Teatro Brasileiro I. Título

13-06762   CDD-869.92

Índices para catálogo sistemático
1. Peças Teatrais : Literatura brasileira   869.92

Todos os direitos reservados. Nenhuma parte deste livro pode ser reproduzida ou utilizada sob nenhuma forma ou finalidade, eletrônica ou mecanicamente, incluindo, fotocópias, gravação ou escaneamento, sem a permissão escrita, exceto em caso de reimpressão. Violação dos direitos autorais, conforme artigo 184 do Código Penal Brasileiro.

Todos os direitos reservados.

DEVIR LIVRARIA

Brasil
Rua Teodureto Souto, 624
Cambuci - São Paulo - SP - Brasil
Caixa Postal 15239 - CEP 01599-970
Fone: (011) 2127-8787 - Fax (011)2127-8758
E-mail: hqdevir@devir.com.br

Portugal
Polo Industrial - Brejos de Carreteiros
Armazém 4, Escritório 2 - Olho de Água
2950-554 - Quinta do Anjo - Palmela
Fone: 212 139-440 - Fax: 212 139-449
E-mail: devir@devir.pt

www.devir.com.br

In memoriam

Mauro Martinez dos Prazeres

Sumário

Apresentação ... 9

Momentum ... 15
O Garoto-Moeda ... 105
60 Segundos de Amor ... 125
Romances Impossíveis ... 171

Apêndice
Bem-me-quer, Malmequer ... 237
Meu Rei ... 247
Onde o Amor Termina ... 261

APRESENTAÇÃO

Amar é abrir-se para o desconhecido. Este livro contém três peças longas de Nick Farewell, além de um (híbrido) conto-peça e um apêndice com três peças curtas. A reunião destas obras, todas de vocação cênica, desvela as obsessões e as diferenças que habitam o trabalho do autor, nos apresentando um escritor de romances (carreira na qual Farewell compôs uma série de obras bem-sucedidas) que também consegue agir esteticamente como dramaturgo de imaginação singular.

O amor é a temática recorrente: sua atração irresistível, sua impossibilidade fatal. Diferentes formas de atração e entrega, todas apontando para a percepção de que o amor é como uma curiosidade incontrolável: abertura radical para o desconhecido. O amor nasce, nestas obras, como um ponto de fuga para vidas estabilizadas — e se instaura como uma irreprimível zona de instabilidade e vertigem, arrastando as personagens para fora de suas zonas-de-conforto e remodelando imprevisivelmente seus destinos.

Em MOMENTUM, um homem desenvolve o estranho poder de existir consciente e simultaneamente em diversos tempos e espaços, fazendo de sua vida uma perfeita equação e de sua trajetória, a de uma bala disparada rumo a um certeiro objetivo. Mas há sempre variáveis, e ganhar o mundo talvez implique perder a possibilidade do amor (o desconhecido que só pode se presentificar como fruto do acaso, do imprevisível, do que não se controla). Ter o controle do passado, presente e futuro talvez seja eliminar o amor do campo de nossas possibilidades...

Temos, depois, a construção de duas terríveis distopias: em O GAROTO-MOEDA, uma meta-humanidade habitante de países-empresa precisa pagar para sentir o que quer que seja. Hipérbole expressiva que, apocalipticamente, fisicaliza descaminhos que já principiamos a percorrer...

60 SEGUNDOS DE AMOR corrobora a tese da peça anterior: sob um controle absoluto do Estado, que determina até mesmo o sentido da vida, resta a droga do amor para nos acalmar — mas sempre por apenas 60 segundos, transformando a fugacidade das relações contemporâneas em imperativo legal.

O conto-peça ROMANCES IMPOSSÍVEIS é um engenhoso sistema de cenas curtas que se associam em uma gestalt de beleza terna, suave, comovente. Um pedido sincero do autor por um olhar desarmado em direção ao próximo.

O livro possui um apêndice no qual estão presentes as três peças curtas BEM-ME-QUER, MALMEQUER; MEU REI; e ONDE O AMOR TERMINA. As duas primeiras apresentam situações épicas e imaginativas, de alcance simbólico, nos defrontando com ressignificações do senso-comum em relação a temas como Bem, Mal e Poder, através de alegorias dramatúrgicas que remetem às Moralidades do teatro medieval (evidentemente problematizadas aqui). Já o último texto promove uma estranha síntese — o amor e a política (nossas ações no mundo): de que modo estas instâncias se relacionam, em que medida são indissociáveis? Assim como nas peças anteriores, o amor se coloca aqui não como uma ideologia, mas como um posicionamento existencial radical. Nick Farewell parece nos dizer, através de sua

Apresentação

dramaturgia multifacetada (e paradoxalmente obsessiva) que, se nos comprometermos com o amor, tudo se transformará – de modo imprevisível, insuspeitado e revolucionário, sobretudo para os que amam.

Roberto Alvim
Diretor, dramaturgo e professor de artes cênicas

Cada vida são muitos dias, dia após dia. Caminhamos através de nós mesmos, encontrando ladrões, fantasmas, gigantes, velhos, jovens, esposas, viúvas, irmãos do amor. Mas sempre encontrando-nos a nós mesmos.

Ulisses
James Joyce

MOMENTUM

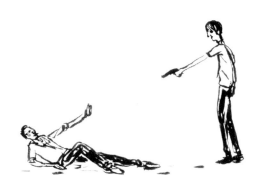

PERSONAGENS

Paulo
Sargento Gusmão
Caco
Jânio
Tigrão
Tucão
Parada
Sílvia
João
Professor
Juscelino
Delegado
Jeremias

O lado esquerdo do palco refere-se ao presente de Paulo. O lado direito, ao passado.

Paulo está sentado na mesa do lado esquerdo, carregando a pistola.

Paulo (voz gravada)
Seis, sete, oito, nove, dez, onze, doze. (*Engatilha*)
O barulho do gatilho coincide com o plano da direita. Vê-se Paulo com uniforme e engatilhando um fuzil.

Sargento Gusmão Gusmão
Soldado! Você está louco? (*aproximando o rosto*) Nunca, nunca, engatilhe uma arma dessa maneira. Você quer matar todos? Você é algum tipo de louco?

Paulo
Na... Não.

Sargento Gusmão Gusmão
Eu não ouvi.

Paulo
Não!

Sargento Gusmão Gusmão
O quê?

Paulo
Não! Senhor...

Sargento Gusmão Gusmão
(*aproximando de novo o rosto*) Meu nome é Sargento Gusmão.

Paulo
Sim, Sargento Gusmão.
(*O Sargento bate no quepe de Paulo com força*)

Sargento Gusmão Gusmão
Isso é pra você saber o meu nome e não pra pronunciar. Nunca mais esqueça, soldado. Sargento Gusmão. Então, como se diz?

Paulo
Si... Sim senhor!

Sargento Gusmão Gusmão
De repente você virou um gênio, soldado.
E vê se segura direito essa arma.
A sua vida depende disso.
Entendeu? (*Paulo assente com a cabeça*)
Pode pagando cinquenta. Lá!
(*Paulo sai e ouve-se a contagem ao longe*)
(*a todos*) Sentido! (*anda*)

João
Que merda. A gente vai ser tenente quando se formar. Por que é que a gente tem que obedecer a esse sargento de merda?

Sargento Gusmão Gusmão
O que disse, soldado?

João
Na... nada senhor.

Sargento Gusmão Gusmão
Quando se formar, idiota. Quando se formar. Até lá quem manda sou eu. Não se esqueça. Até lá posso transformar a sua vidinha de merda em um pequeno, mas proveitoso inferno pra você. Eu garanto, (*lendo o nome no uniforme*) SOL-DA-DO João.
Preparar, apontar, fogo!

No lado esquerdo Paulo faz o barulho de tiro com a boca apontado a arma para o lado esquerdo.

Talco
Epa, epa, chefe. (*caminha como se estivesse sambando*) Tu tá querendo me matar, já?

Paulo
Deveria. Você é lerdo demais. Viu o que eu queria que visse?

Talco
É malemolência, chefinho. (*gira a cintura*) Mas por que você queria que eu seguisse o Caco?

Paulo coloca um papel na mesa.

Paulo
Aqui, me mostra o caminho que ele fez hoje.

Talco
O que é isso, chefe? Ei, isso é um mapinha do cortiço aqui? Como você conseguiu? Aqui, aqui é o meu barraco.

Paulo
(*batendo na cabeça de Talco*) Desenha logo aí! E para de me chamar de chefe, porra!

Talco
Tá bom, che... Caco passou por refinaria, abasteceu Tigrão, Mané, depois parou no bar, voltou pra base.

Paulo
(*bate de novo*) Caralho, marca quanto tempo demorou em cada lugar.

Talco
Não me alembro direito, che...

Paulo
(*de repente agressivo, segura no colarinho e faz menção de apontar a arma*) É melhor você lembrar.

Talco
Mas como é que eu faço isso?

Paulo
(*pega a caneta*) Olha aqui. Caralho. Olha AQUI. Não começou na refinaria? Que hora foi isso? 10? Ficou até quando? 11 e meia? Aí. Depois passou no Tigrão? Coloca o horário assim sucessivamente.

Talco
Sucessivamente? Que isso, che...

Paulo
Termina.

Talco
(*debruça sobre a mesa e faz as marcações*) Tá tudo aí. Posso ir embora agora?

Paulo
Vai. chispa. Não se esqueça que amanhã vai fazer a mesma coisa. Entendeu?

Talco
Entendi... Mas se ele me ver?

Paulo
Porra. Esse cortiço é um ovo. Dá pra olhar a distância. Pelamordedeus, usa a porra da sua cabeça.
Agora me deixa em paz. (*Talco se detém na porta*)
Vai!

Talco
Mais uma coisa. "A distância", o que é isso?

Paulo
Puta que o pariu. Olhar de longe.

Talco
É... mais uma coisa. (*Paulo olha para Talco estupefato*) Se eu não posso mais chamar chefe de chefe, como é que chamo?

Paulo
(*olhando fixamente*) Me chama como todos me chamam. Engenheiro. Engenheiro, caralho!

A luz baixa e acende o lado direito. É uma sala de aula.

Professor
O princípio da engenharia consiste em construção. Edificação. Não é à toa que o ramo da engenharia mais antiga é a engenharia civil. Mais do que isso, vocês vão aprender através dos estudos e formação científica, a edificar a própria vida de vocês. Construir algo grandioso. Deixar para a posteridade o legado das suas criações. Estão nesta sala os homens mais brilhantes do Brasil. Os mais inteligentes e perspicazes. Vocês passaram pelo mais exigente processo seletivo existente no país. Que avaliou não só a parte psíquica como também a física. Ninguém é mais preparado e capaz do que vocês. Posso dizer isso sem incorrer na demagogia e na falsa modéstia, mesmo porque também estudei aqui. (*Sorri e os alunos acompanham*) Então, rapazes, lembrem-se disso. Um futuro brilhante espera por vocês. Apliquem-se. Mostrem ao mundo a sua grande obra. Construir e edificar. Façam da sua vida algo extraordinário.

Paulo
Ozymandias.

Professor
O que disse?

Paulo
Desculpe. Pensei alto. É um poema de Shelley.

Professor
Ora, ora, o que temos aqui. Temos até um poeta.

Todos os alunos riem. O professor começa a escrever no quadro negro.

Paulo
(*para si mesmo*) "Meu nome é Ozymandias. Contemple a minha obra, ó poderoso. E desesperai."

Lado esquerdo. Uma mulher está cozinhando algo. Canta "Acontece" de Cartola. Entra Paulo.

Paulo
Falei pra você não cantar mais essa música.

Sílvia
Mas... eu gosto.

Paulo
Então canta quando eu não estiver aqui. (*percebendo que ele não estava enquanto ela estava cantando*) Digo, eu não quero ouvir isso. (*nota que ela ficou triste*) Vem cá. (*abraça*) Pra que cantar músicas tristes se a vida é alegre? Hein? (*tenta beijá-lá*)

Sílvia
Ei, para. A comida vai queimar.

PAULO
Deixa queimar.

Tira os botões da blusa dela. Sílvia resiste um pouco. Eles transam na mesa. O foco cai na comida que queima.

Lado esquerdo. Paulo está vestindo a farda, cantarola.

JOÃO
Tá animado hoje, hein?

PAULO
Claro. Não aguento mais ficar nessa merda.

JOÃO
Seu pai não vai vir te buscar?

PAULO
Acho que não. Acho que vou pegar o ônibus.

JOÃO
(*já saindo com a mala*) Ei, quer uma carona até a rodoviária?

PAULO
Não, pode deixar. Vou confirmar o horário ainda.

JOÃO
Bom fim de semana então. Ei, na semana que vem você vai comigo pra minha casa, hein? Ah, não se esqueça de mandar beijos pra sua irmã.

PAULO
Seu...

João sai. Paulo ainda espia para ver se o João já foi embora. Cabisbaixo tira a farda e dobra cuidadosamente. Senta-se na cama.

Lado esquerdo.
Uma mesa. Em volta, cinco homens. Armas na mesa e tijolos de cocaína.

Tigrão
Olha aí, Caco. A playboyzada tá abusando nas paradas aí. Tem mané que entra na bicada de farol aceso. É muito pala.

Caco
Caralho, isso é problema seu, Tigrão. Porra, quem tem que cuidar dos seus bondes é você. (*todos riem*) Cê diz com firmeza que tem que chegar na moral. Mas nada de assustar a rapaziada. Só diz com firmeza, falou? (*Tigrão assente*)

Tucão
Caco, tô com problema na conexão sul. Conhece o Mirim? O cara tá querendo cobrar pedágio, saca?

Caco
Paga.

Tucão
O cara tá querendo 30.

Caco
Paga.

Tucão
Acho que você não entendeu. É muito. Com isso aí a gente vai ficar... (*é interrompido por um soco na mesa de Caco*)

Caco
Caralho. Você não sabe quem está por trás do Mirim? É Jeremias, porra. Tô tentando negociar uma brecha pra Zona Oeste. Primeiro paga e a gente faz um agrado, entendeu? Na semana que vem eu me sento com ele e acerto o resto.

Tucão
Firmeza…

Jânio
Aí, Caco. Má notícia. O Juninho não pagou de novo.

Caco
Apaga.

Jânio
É mesmo? Mas ele não era seu camarada?

Caco
Camarada é quem paga. E não quem fica empatando a operação. Troca pelo Zózimo. Quebra os dentes e queima, falou? Cadê o engenheiro?

Tigrão
Tá no pacote.

Tucão
Caralho, Caco. Você mandou o cara na papelagem? Cê tá louco? Cê tá confiando demais nesse aí, hein? O cara tem mó pinta de tira. Quanto tempo o mané tá nessa?

Caco
Fica frio. Sei o que tô fazendo. Quanto mais o cara se enfurnar nisso aí, mais vai se encrencar.

Tucão
Cê não tá falando isso aí porque o cara tá com a Sílvia?

Caco
(*Levanta e encosta a arma no queixo do Tucão*)

Eu tô ligado que cê tinha uma quedinha por ela. Então, não fica querendo botar veneno não. O cara é doutor, entendeu? Além do mais tem uma coisa que um imbecil como você não sabe. Um dia, antes de eu saber que a Sílvia tava com ele, encontrei ele na quebrada. Eu tava muito louco. Ia fazer furo no primeiro mané que ia encontrar na minha frente. Então saquei a arma e apontei na testa como tô fazendo com você. O cara nem piscou o olho. Era como se ele tivesse me apontando a arma. Disse com a maior calma do mundo: "Atira". Eu teria atirado, entendeu? Tava muito louco. (*pausa*) O que você não sabe é que o cara já está morto. Entendeu? É por isso que não tem medo de morrer. (*solta Tucão*)

Tucão
Já está morto? E que negócio de quedinha é esse? Quem gosta da Sílvia é o Parada.

Caco
Caralho. Não me enche o saco.

Parada
(*estava quieto até agora*) Caco, é o seguinte. Eu já tava querendo falar disso aí. Tá legal que o cara tá cuidando da sua irmã. Mas não acha que você está confiando demais no cara? Onde o cara estava três meses atrás? Não, errei. Dois meses e meio. Tava na nossa quebrada? Não lembro não, viu? Nasceu aqui que nem Tigrão e eu? Será mesmo que o cara tá a fim de sujar a mão? Pode não ser, mas cê acaba tentando proteger o cara, saca? E a gente, como é que fica? Isso aqui não é brincadeirinha de doutorzinho não. Sabe o que o pessoal do sul tá falando? Que a gente tá virando bando de viado. Um playboy que trafica? Isso aí é piada, Caco. Não concordo não. Se é pra valer, o cara vai ter que sujar a mão. Morou?

Caco
(*pensativo*) O que você quer?

Parada
Vai ter que se sujar.

Caco
Quem, caralho?!

Parada
Juscelino.

Caco
Juscelino, não. Porra, quer a comunidade inteira atrás do cara?

Parada
Caralho, Caco! Eu não matei o Josias? Não tô jurado de morte? Qualé? Eu não sujei a minha mão por você?
Você não disse que o cara não tem medo da morte?
Caco, porra, desde quando isso aqui não é matar ou morrer?
Além do mais, ele nem sabe quem é Juscelino.

Caco
(*amargo*) Ele sabe, sim.

Parada
Tô te estranhando. Não sei não, hein?

Caco
(*agarra-o pelo colarinho*) Qualé? Quer morrer?

Parada
Quer me matar, Caco? Mata!
Não vou virar piada por causa de playboy nenhum, porra.
"Não tem medo da morte, porque já morreu" (*debocha*)
Porra. Já estou morto faz tempo.
Entendeu?
Eu morreria por você.
Agora quero ver se o cara é capaz de fazer o mesmo.

Caco
(*solta*) Tá certo.

Paulo entra correndo.

Paulo
Arrumei um jeito de ter menos desperdício na hora de embalar.
É só na hora de pegar...
(*percebendo o clima*)
O que tá acontecendo?

Parada
(*oferecendo a cadeira*) Senta.

Caco
É o seguinte, engenheiro. Cê tá com a gente, certo? Então, eu já te perguntei se queria ficar de fora, certo? Aí você disse não. Disse que tava dentro. (*pega uma 9 mm*) Toma. Você sabe usar isso, não?

Paulo
Já disse que atiro bem.

Caco
São onze... (*Paulo interrompe*)

Paulo
Onze no pente e uma na agulha, eu conheço.
O que quer que eu faça?

Caco
(*abaixa e cochicha no ouvido*)

Ouve-se uma voz do lado direito.

Voz
Para de cochichar.

Sargento Gusmão
Isso aqui não brincadeira não.
É um exercício real de combate.
Talvez o mais importante de todos.
A sobrevivência de vocês pode depender disso.
Flávio, você está sem apoio. Você tem que mirar depois que acertar o apoio.
Júnior, estou achando que você está com miopia. Como passou no exame físico?
Olha só. A coisa não é tão difícil. (*pega a arma*) (*abre ligeiramente a perna*) Apoio.
(*estende o braço*) Retidão. Já vou avisando. Tem neguinho que fica imitando aquele filme do Tarantino apontando de lado. Isso aí não evita recuo não. Além do mais, só funciona na curta distância. Porque acaba com a sensibilidade de mira. Você tem que estender o braço e fazer a mira. Um pouco de flexibilidade para sentir o recuo é mais importante de tudo. Tem que ter intimidade com a arma. Saber exatamente como funciona, onde alcança e saber aonde vai atingir.
Vamos lá. Segunda fila.
João, levanta mais o cotovelo.
Marcelo, olha o pé.
Todas as filas em posição.
Preparar, apontar, fogo!
Espera.
Paulo. Esse tiro foi você quem deu?

Paulo
Sim, senhor.

Sargento Gusmão
Tenta de novo.
(*verifica de novo o alvo*) De novo.

(*verifica novamente*)
Agora mais longe. (*fica à beira do palco*)
(*olha de novo no alvo*). Faz o gesto de não acreditar no que vê)
Vá até lá na árvore. (*Paulo sai do palco*)
(*olha no alvo*) Volta.
É. O último tiro saiu um pouco do alvo.
Mas meu rapaz, eu nunca vi alguém atirar com tanta precisão no primeiro tiro. Foi o primeiro não foi?

Paulo
Sim, senhor.

Sargento Gusmão
(*Dando tapinha nas costas*) Você será a elite dos atiradores de elite. Será invencível com essa arma. Rapaz, você é um em um milhão. Isso é um dom. Tomara que use para o bem. Tomara.

Lado esquerdo.
Juscelino na sala lendo. Ouve-se a voz do Paulo do lado de fora.

Paulo
Juscelino. Sou eu, Paulo. Abra a porta.

Juscelino
Paulo? O que você está fazendo a essa hora da noite?

Paulo
Preciso levar um papo contigo.

Voz do outro lado:
Preparar, apontar, fogo.

Juscelino
Ah, veio pegar os seus livros de volta?
É que eu ainda não terminei de ler tudo.
(*levanta*) Já tô indo.

Tá meio emperrada essa porta.
Pronto.
Entra.
Estava começando a ler esse.
Nunca tinha lido um mangá.
É isso, né. Mangá?
Senta.
Lobo solitário.
Meifumado. Gostei disso.
"O caminho do inferno em vida".
Ele mata as pessoas em troca de dinheiro.

Paulo
Não, Juscelino.
É sobre honra.

Juscelino
Acho que não entendo.
Er... eu queria te perguntar uma coisa.
É verdade que você estudou na melhor escola de engenharia do Brasil?
Aquela que você sai formado como um oficial do exército?

Paulo
Quem disse isso?

Juscelino
Umas pessoas aí. Também me falaram para não falar mais com você.
Disseram que você é um dos homens do Caco.

Paulo
Eu sou.

Voz do lado direito:
Preparar, apontar, fogo.

Juscelino
(*com um pouco de receio*) Como é estudar lá?

Paulo
Meifumado. É como andar no meifumado.

Juscelino
Como?

Paulo
Juscelino, presta atenção.
Você acha que existe o bem e o mal?

Juscelino
Acho que sim.

Paulo
O que faz uma pessoa ser boa e outra má? O que é uma pessoa boa?

Juscelino
Acho que são aquelas pessoas que não fazem mal a outra pessoa.

Paulo
O que é fazer mal, Juscelino?

Juscelino
Pô, Paulo, não estou entendendo essas perguntas.
Pra mim parecem muito óbvias.

Paulo
Pois é Juscelino, pra mim não é.
É uma pena que não vai ler "Crime e Castigo".
(*olha para o livro na mesa. Pega na mão*)
"O Coração das Trevas". Eu te emprestei isso?
Que ironia.

Juscelino
É. Esse eu li.
Não entendi o final.
Se Kurtz foi para a África juntar dinheiro pra se casar, por que é que ele não volta depois?

Paulo
Que ironia. Que ironia.
Juscelino, preste atenção.

Voz
Preparar.

Paulo
Isso é como o livro.
De não sabermos o sentido da vida.
Ninguém saberá a verdadeira motivação de um homem.
A única coisa que posso fazer é tornar isso menos doloroso.

Voz
Apontar.

Juscelino
O que...

Paulo puxa a arma subitamente e bate na cabeça do Juscelino que desmaia.
Paulo encosta a arma no queixo.
Black out.

Voz
Fogo!

Barulho de tiro.

Lado direito.
Sala de aula.

Professor
Imagine a trajetória de uma bala. O projétil executa além da trajetória aparentemente retilínea giros no seu eixo. Aí está o momentum. "Produto da inércia rotacional de um corpo pela sua velocidade de rotação em torno de um determinado eixo." (*escreve a equação na lousa*)

Paulo
A grande dança universal.

Professor
Disse alguma coisa, Paulo?

Paulo
O cálculo do momentum. (*aponta para o quadro*) De acordo com a equação, quer dizer que a velocidade de giro pode ser modificada enquanto se move. (*pensativo*) É por isso que a bailarina recolhe os braços enquanto gira. Para aumentar a velocidade.

Professor
Exato. Perfeitamente.

Paulo
(*sozinho*) A grande dança universal. Um giro de quatro braços. O momento em que modificamos a velocidade da vida. Momentum.

A luz baixa.

Lado esquerdo.
Paulo está batendo na porta.

Paulo
Abra a porta, Sílvia. Eu sei que você está ai.
Abra a porta!

Sílvia
Não, vou abrir não. Seu monstro.

Paulo
O que foi?

Sílvia
O que foi? O que foi?
A baixada do sapo inteiro tá falando que foi você quem matou o Juscelino.
Já não basta o meu irmão, agora você? (*ameaça chorar*)

Paulo
Abra a porta, eu posso explicar.

Sílvia
Explicar o quê? Foi você ou não foi?
Diz!

Paulo
Abra que eu explico.

Sílvia
É verdade, não é? Fala!

Paulo
Abre! Eu me mudei pra esse moquifo por causa de você, não foi?
Qual é o seu problema?
Quer que eu arrebente a porta?
Abre!
Sílvia finalmente abre a porta e se afasta.

Paulo
O que você tem?
Enlouqueceu, não foi?

Sílvia
Foi você, não foi?
Você matou o Juscelino.

Paulo
Eu não matei ninguém. Você vai acreditar em mim ou nesses fofoqueiros?

Sílvia
(*desconfiada*) Jura?

Paulo
Juro.

Sílvia
Pela alma dos seus pais mortos?

Paulo
Sim.

Sílvia
Ah! (*abraçando*) Sabia que você não ia ser capaz de uma coisa dessas.

Paulo
Eu me mudei pra cá por que eu te amo, esqueceu?
Não faria nada que pudesse me separar de você.
Eu só tenho você. Nunca se esqueça disso.

Sílvia
E o Caco?

Paulo
Escuta aqui. O Caco manda e desmanda aqui.
Não posso desagradá-lo. Entende?
Por mais que ele seja seu irmão, se ele não gostar de mim vou ter o mesmo fim que o Juscelino.

Sílvia
Você não acha que o meu irmão...

Paulo
Não quero pensar nisso.
Mas tenho certeza de que a justiça vai ser feita.

Sílvia
Vamos dormir, amor.
Toda essa aflição me deixou cansada.
Vamos?

Paulo
Vai indo. Vou tomar um copo d'água.

Sílvia sai. Paulo saca a arma das costas e coloca dentro de um livro.

Paulo
Ação e reação. Agora é esperar.

Lado direito.
Sala de aula.

Professor
Desculpe repetir isso. É óbvio que vocês já devem estar carecas de saber. Mas é preciso repetir. As leis de Newton. A primeira: Lei da inércia. Um corpo em movimento ou repouso tende a manter o seu estado inicial. (*olhando para Paulo*) Olha o momentum, Paulo. (*risos*) Segunda: melhor, a equação. Força igual à massa vezes a aceleração. Terceira. A lei da ação e reação. Para toda força aplicada existe uma reação do mesmo módulo e direção e sentido oposto.

João
Ei, Paulo. Tô ferrado na lei da relatividade. Não entendo essa joça. Esse Einstein. Me ajuda depois? Como é possível o tempo se dilatar e o espaço se contrair?

Paulo
É o princípio da viagem no tempo.

João
Quer dizer que você sabe o que pode acontecer no futuro?

Professor
Silêncio, pessoal!

Paulo
Eu quase consigo ver.

João
Como?

Lado esquerdo.
Caco conversa com o delegado.

Delegado
O quê? Foi o seu cunhado?

Caco
É doutor, foi um lance, sabe?

Delegado
Porra, Caco. Justo o moleque.
A comunidade tá me pressionando.
Vai ser difícil abafar essa aí.

Caco
Doutor, lembra do caso do Josias?

Delegado
Mas aí eram outros quinhentos, não?

Caco
Eu dobro esses quinhentos, doutor.

Delegado
Aí já muda de figura.
(*pausa*)
Mas vou te contar uma coisa.
Você tem que dar um jeito nesse seu pessoal.
Por exemplo, o Parada.
É sanguinário demais.
Um psicopata.
O esquadrão da morte já tá de olho nele.
Todo mundo tá pensando que foi ele.
Mas me diga. Quem é esse seu cunhado?

Caco
Ele é doutor como o senhor.

Delegado
Como é que é?

Caco
É. É como estou dizendo. Ele fez engenharia numa faculdade importante aí.

Delegado
Ah é? Tem cada louco nesse mundo.

Caco
Doutor, vamos manter sigilo nessa história aí.

Delegado
Vou tentar, vou tentar. (*sai*)

Entra Paulo.

Caco
Aí. Grande engenheiro. Gostei de ver. Você é um dos nossos.
Mas contaí, como foi?

Paulo
(*na verdade, ele finge, mas é preciso interpretar como se fosse um assassino frio como Parada*) Então, eu apontei a arma pra ele e mandei ele ajoelhar. Sabe, o moleque ficou rezando. Falei pra ele que isso não ia adiantar. Então, ficou tremendo que nem vara verde. Mandei um tiro só. Foi fácil.

Caco
Você tá me surpreendendo, hein? Mas diz aí. Com esse dom todo como é que ficou estudando na fa-cul-da-de?

Paulo
Caco, vou te dizer uma coisa. A única coisa que aprendi lá é atirar.

Caco
Ah é? Me mostra.

Paulo pega uma garrafa e coloca na ponta do palco. Atira e acerta.

Caco
Boa pontaria. Mas alvo parado é fácil. Que tal essa? (*pega a outra e joga pra cima*)

Paulo atira e acerta de novo.

Caco
(*bate palmas*) Opa! O que temos aqui? Um atirador de elite. Aí. Que tal uma competição entre você e Parada?
Aposto que você vai ser aprovado com louvor.

Paulo
(*de repente faz cara de preocupado*)
E a polícia?

Caco
Fica tranquilo. Já falei com o doutor Messias.
Tá resolvido.

Paulo
É mesmo? Preciso conhecê-lo.

Caco
Eu te apresento, fica frio.
Mas me conta com detalhes. Como foi?
(*abraça Paulo e saem*)

Lado direito.
Professor afixando um papel com notas e alunos tentando ver.

Professor
Aqui estão as primeiras notas da disciplina Física 2.
Já vou avisando que muita gente foi mal.
Teoria da relatividade... é "relativamente" fácil, não?
Mas por que é que tanta gente foi mal?
Não precisa ser nenhum Einstein para entender isso. Fala verdade?
João, você conseguiu uma outra definição para nota baixa.
Nessa não existe relativo. Você conseguiu um zero absoluto.
Ah, falando em outro absoluto, cadê o nosso garoto momentum?
Paulo?

Paulo
(*entra correndo*) Sim, professor.

Professor
(*mostra a prova*) Isso sim é uma prova impecável.
Absolutamente genial.
Essa sua explicação da questão tempo e espaço chega a ser filosófica.
Genial.
Uma salva de palmas.
(*depois*)
O que estão esperando? Exame, exame.
Nota baixa precisa de recuperação.
Pra biblioteca já.

João
Tô fudido, Paulo. Eu não consigo entender essa merda. Me ajuda?

Paulo
Não é tão difícil assim, João.

João
Você fala assim porque é você. Olha só, fui bem pra caralho em cálculo, computação e termo. Mas essa droga de relatividade.

Paulo
Não, não estou dizendo por isso. O próprio Einstein dizia que se não conseguir explicar uma teoria física para um leiteiro é porque essa teoria não vale nada.

João
Porra. Quer dizer que não vou conseguir ser nem leiteiro?

Os dois riem. Paulo pega duas cadeiras.

Paulo
Senta. Senta que lá vem história. Antes tem uma outra frase de Einstein. "O pensamento lógico pode levar você de A a B, mas a imaginação te leva a qualquer parte do universo."
Imagine que o tempo e o espaço não são absolutos.

João
Aí é que tá. Como assim? Tempo e espaço são relativos?

Paulo
É, João. A grande descoberta de Einstein foi que, viajando à velocidade da luz, o tempo dilata e o espaço contrai.

João
Palavras. Como funciona isso na vida real?

Paulo
Fácil. Imagine que você continue na carreira aqui e vire um astronauta. E vai viajar pelo espaço com uma nave na velocidade da luz. O tempo vai dilatar pra você. Ou melhor, vai passar mais devagar. E a distância vai contrair. Ou seja, você vai percorrer uma distância muito maior como se fosse mais perto. Lembra Guerra nas Estrelas? O salto no hiper-espaço? É quase isso aí.

João
Tô começando a entender. Espera. Quer dizer que se eu retornar da viagem do espaço, digamos 20 anos depois, e se eu te encontrar vou continuar jovem e você velho?

Paulo
Exato. Vou estar um outro homem. Talvez você nem me reconheça.

João
Cara, tô começando a entender.

Paulo
Mas ando pensando em uma outra teoria.

João
O quê? Você não acredita na teoria da relatividade?

Paulo
Não, não é isso. Penso em uma viagem no tempo sem precisar da velocidade da luz. Eu batizei de coexistência temporal. (*subitamente mais animado*) Imagine, João. No momento que estou conversando com você aqui, estive no passado, eu, Paulo, debruçado na mesa estudando pro vestibular. E no futuro vai ter um outro Paulo, fazendo sei lá, construindo algo como diz o professor. Só que imagine você ter consciência de tudo isso. Ou seja, eu coexistir em todos os tempos e espaços ao mesmo tempo.

Eu teria consciência da nossa conversa, a matéria que estou estudando no passado e sei lá o que eu estiver construindo no futuro.

João
Que viagem, Paulo. (*ri*) Quer dizer que você saberia o que vai acontecer no futuro?

Paulo
Não, eu não saberia. E sim viveria. Eu estaria vivendo tudo ao mesmo tempo. Onisciente.

João
Isso é ser Deus.

Paulo
Pode ser. Mas eu não acredito em Deus.
Se bobear nem nos homens.

João
Bom, vou aproveitar que você me deu uma luz, acho que vou estudar. Depois você me ajuda resolver os exercícios?

Paulo
Claro.

João sai.

Paulo
Mas tem uma outra frase de Einstein que gosto.
"Só existem duas coisas infinitas. O universo e a estupidez humana."

Lado esquerdo.

Sílvia está na fila de algo segurando o material escolar.
Paulo chega por trás e derruba. Espalha tudo no chão.

Paulo
Putz, como sou estúpido. Me desculpe.

Ajuda a recolher.

Sílvia
Ah, tudo bem. Acontece. Brigada.

Paulo
Er... Você vem sempre aqui? Quer dizer...

Sílvia
(*sorri*) Claro, eu estudo aqui.

Paulo
Er... eu vim tentar uma vaga de professor aqui.

Sílvia
É mesmo? (*olha com calma*)
Mas você me parece tão novo...
Er... vai dar aula de quê?

Paulo
Física e matemática.

Sílvia
É mesmo? Eu adoro matemática. Mas física não gosto muito não.

Paulo
Que isso? A física é legal. (*pausa*)
A gente podia tomar alguma coisa, né?
Aí você me conta mais sobre a escola.
Que tal?
Ah, me desculpe, me chamo Paulo.
E você?

Sílvia
Meu nome é Sílvia. Mas acho que não posso. Preciso voltar pra casa.
Senão o meu irmão me mata.

Paulo
Ele é tão brabo assim?

Sílvia
Ele é.

Paulo
Xi, vou ter problemas.

Sílvia
Como? (*percebendo a cantada, cora*)

Paulo
Vamos, só um suco na cantina.
Eu pago!

Sílvia
Ah, não sei.

Paulo
Vamos.

Sílvia
Tá. Tá bom. Vamos.

Paulo sai com Sílvia para o lado esquerdo e entra pelo lado direito com a mesma roupa.

Paulo
Pai, não vou mais voltar pra casa.
Não, não me pergunte o porquê.
Não vou conseguir.
Pai, acho que vou morar sozinho.

Não.
Pai, acho que vou sair de casa.
Ah, pai você não entende. Nunca me entende.
Ninguém me entende.
Droga.

João entra.

JOÃO
O que você tá fazendo?
Entrou pro grupo de teatro?

PAULO
É. Estou ensaiando Hamlet.
A parte em que ele conversa com o pai fantasma.

JOÃO
(*desconfiado*) Sei...
(*fica olhando por um tempo e aponta para o braço*)
Ei, o que é isso aí no seu braço?

PAULO
(*orgulhoso*) Ah, fiz uma tatuagem no fim de semana. Veja.
(*arregaça a manga*)

JOÃO
Você tá louco? O instrutor vai te matar.

PAULO
Pô, é pequena.

JOÃO
Você é louco. (*pegando no braço e lê*)
Ros... Rosebud? Rosebud? O quê é isso?

Paulo
(*pensativo*) Um trenó. Um trenó da pesada.
(*não consegue conter a risada*) Hahahahahahahahhaha.

João
Um trenó da pesada? Por que você está rindo? Enlouqueceu?

Paulo
Pode ser. Quer saber? Escuta João.
Um dia todos vão dizer que eu enlouqueci.
Que eu pirei. Mas lembre-se do que vou te falar.
Quando todos disserem que eu pirei estarei no meu mais absoluto estado de lucidez.

João
E amanhã, vai chover? Porra, Paulo, você tá fazendo previsão de futuro?

Paulo
É isso ai, meu amigo. Um dia vai nevar.
Aí vou andar de trenó. Rosebud, meu amigo.
Rosebud. Um trenó da pesada.
Hahahahahahahahahahahaha.

Entra Tucão, Parada, Caco.

Tucão
Caralho. Tá frio pra caralho. Até parece que vai nevar. (*ri*)

Parada
Mas o barulho tá quente. Caco, é o seguinte. Você tinha que ver.
O Juninho sangrou que nem porco. Cortei a garganta, sabe?

Caco
Porra, Parada. Sem detalhes. Por que você não meteu um tiro?

Parada
Porra. Você não falou pra queimar depois? Aí pensei. Que diferença faz como o cara vai morrer. Vai virar cinza mesmo. Aí resolvi me divertir.

Caco
Parada... Vou te avis...

O Paulo atravessa o palco da direita e esquerda. Puxa algo do bolso.

Paulo
Quero mostrar uma coisa pra vocês.
(*estende o mapa*)

Tucão
O que é isso?
Ei, isso é uma tatuagem? (*puxa Rosebud*)
Nunca tinha reparado.
Rose... bude? Que porra é essa?

Paulo
(*desvencilhando-se do Tucão e fazendo careta*)
Dá uma olhada.
Eu fiz algumas análises.

Parada
Ánalises? Que porra é essa?

Caco
Parada. O cara é um dos nossos.

Paulo
(*retomando*) Olha. Dá uma olhada nesse posto de observação. Está completamente errado. Está vendo a Marechal Tito aqui? Se a viatura entra por aqui e os homens fecharem essa saída, a gente tá fudido. Ficamos sem ponto de fuga.

Parada
Ponto de fuga?

Caco
Você acha que eles vão pensar nisso?

Paulo
Se eles quiserem vão fazer isso com certeza.
Eles não são tão burros assim.
Aliás, devem estar tranquilos contando com isso.
O melhor é manter uma vigilância começando da Rua da Flor e ter uma artilharia pesada aqui. Assim, para se esquivar eles só têm uma saída. Rua Torres.

Tucão
É uma rua sem saída.

Paulo
Isso. E pra melhorar a gente vai fazer o Saco, Tornado, Souza e o seu pessoal se mudar pra rua. Necessariamente nos números 15, 50 e 82.
Eu já verifiquei. A gente pode mudar pra lá já.
Por outro lado, teremos a rota de fuga livre por aqui. Na Rua do Sapo.

Caco
Caralho. Como nunca pensei nisso antes?

Parada
Grande merda. Eu prefiro lutar até morrer. Eu não me entrego.

Paulo
E nem precisa. Assim toda operação ficará intacta. Seja qual for o ataque. Ah, a gente precisa manter também um falso posto aqui e ali. E manter esse posto, mas deslocando uma rua. Vê que assim teremos uma rota de fuga a mais?
Assim a gente pode trabalhar tranquilo.

Caco
Muito bom, engenheiro. Muito bom.

Paulo
E... (*abre o mapa*)
Também pensei na distribuição.
Dá uma olhada nisso.
Essa boca está condenada. Precisamos criar outra aqui. Acesso mais fácil e aberto. E o bar do Magrão tá dando muito na pala. Devemos mudar mesmo que seja provisoriamente pra Rua Cinco. E veja. A gente tá fazendo o transporte por aqui. Isso é uma loucura. Veja como é fácil de ser interceptado. Aqui e aqui. Precisamos fazer uma nova rota. Eu sugiro essa. Tá traçada com caneta vermelha. Dá uma olhada.
Todos parecem ficar abismados.

Caco
Porra, engenheiro. Você é um gênio!

Ouve-se do outro lado
Você é um gênio.

Caco
"Na pala". Hahahahahaha. Ta usando gíria, agora? Gostei. Gênio! Você é um gênio.

Lado direito.

João
Mas isso é fácil pra você que é um gênio.

Paulo
O que você tá falando?. A gente estuda na faculdade mais difícil do Brasil. Esqueceu que você também passou no vestibular? *Hello*???

João
Mas ai é diferente. Eu bitolei pra entrar aqui. De tanto resolver exercícios que eu consegui. Tentei por três anos. E agora não vou conseguir sair nunca daqui.

Paulo
Claro que vai.

João
Pô Paulo, tô fudido cara. Meus pais acreditam que vou ser alguém. Eu nem vou conseguir me formar nessa joça. Agora você, vai ter um futuro brilhante. Você pode ser o que você quiser. Inclusive presidente.
Isso. O que você acha em se candidatar? Paulo Sérgio para presidente do Brasil.

Paulo
Não tenho essa pretensão. Quando criança eu queria ser policial. Mas...

João
E agora, o que você quer ser?

Paulo
Eu não quero ser.

João
Como?

Paulo
Eu quero deixar de ser. Esquecer de tudo aos poucos.
Regredir aos poucos. Até o mais absoluto estado de ausência.
Em queda-livre.
 "Produto da inércia rotacional de um corpo pela sua velocidade de rotação em torno de um determinado eixo."

João
Momentum. Você gosta dessa lei, não?

Paulo
É. É a única lei que eu acredito. "Também muito utilizada para calcular a trajetória de queda de objetos disformes." (*aponta o dedo para frente como se fosse uma arma*)
É tudo que eu preciso nessa vida.
Sabe o que eu quero ser?
Quero ser a trajetória de uma bala.
Girando e caindo.
Um homem com a trajetória de uma bala.
É isso que eu quero ser.

Black out. Paulo atravessa o palco e senta de frente para a porta. Está limpando a arma. Alguém bate na porta.

João
(*voz*) Paulo, Paulo.

Paulo
(*intrigado*) Quem está me chamando de Paulo? Não tem ninguém com esse nome aqui. Sou engenheiro.

João
Sou eu, Paulo. João. Estudamos juntos.

Paulo
João? Mas o que está fazendo aqui?
(*pra si*) Merda. (*pausa*) Vai embora, João.
Foi legal você ter vindo aqui, mas eu não tenho mais nada pra conversar com você. Vai embora.

João
Que isso, Paulo. Abra essa porta.
Só vim ver como você está.

Paulo
Estou bem. Vai embora.
E não me chame de Paulo.

João
Pa... Engenhe... Que merda é essa.
Abre. Em nome das velhas amizades.

Paulo hesita, mas abre a porta. João entra de terno e Paulo se esquiva do cumprimento. Senta de novo na mesa e pede para João sentar.

Paulo
Quem mandou você aqui?

João
Ninguém me mandou.
Aliás, a sua família nem quis falar comigo quando perguntei o seu paradeiro. Eu nem imaginava que essa história de você morar aqui fosse verdade. Nem sua irmã quis falar comigo. Ela só chorava. Mas no fim ela acabou me contando.

Paulo
Não tenho mais família. Você lembra. Você ficou rindo quando apareci de luto na faculdade.

João
Achei que você tivesse ficado louco.

Paulo
Louco é você que fica andando com esses trajes pela favela.
Quem te disse que eu morava aqui?

João
Fui no posto comunitário.
(*com receio*) É verdade que você virou tra... traficante?

PAULO
Sou. João, sou o que a sociedade chama de criminoso.

JOÃO
Como isso foi acontecer?
Você tinha um futuro promissor.

PAULO
João, para de repetir conversa de papagaio.
Que futuro? Que promissor?
Que merda você está falando?
Olha pra mim. Olha. (*segura-o pelo colarinho com uma das mãos*)
O que você está vendo?

JOÃO
Paulo... Você continua Paulo.

PAULO
Errado, João. Sou Engenheiro. Conhecido como braço direito do Caco que controla todo o tráfico do Centro-oeste e a distribuição de drogas nessa merda de cidade onde você mora.
Se você ainda continua morando onde você morava tem uma boca pertinho, pertinho da sua casa, para onde eu decido que quantidade de cocaína deve ser mandada. Você entendeu? (*solta*)

JOÃO
(*pausa*) Vo... Você um dia disse que a física é como poesia. Sem intuição e sensibilidade você não consegue entender nem um nem outro. Eu nunca esqueci. Como alguém que me disse isso pode ser isso... que está fazendo?

PAULO
João, João. Você nunca entendeu nada.
Vai e segue sua vida. Pelo jeito você deve ter conseguido um bom emprego.

Continue. É física que você quer? Inércia. Vai no seu movimento que eu vou no meu.

João
Mas...

Paulo
Não tem mas...

João
A sua tatuagem. Rosebud. Eu descobri. É do filme Cidadão Kane. História de um menino que se torna milionário. Nunca se sabe se ele é bom ou mau. Nem por que faz o que faz. É como você, não é?

Paulo
João. Vou te dar uma lição de vida grátis. Preste atenção. Porque isso é sério. Só vai dar pra fazer uma vez.
Não queria que fosse assim, mas vai ter que ser.
(*puxa arma*)
Tá vendo essa arma? Um 38. 6 tiros. Tá quente porque acabei de atirar.
Mas ainda tem uma bala sobrando.
(*gira o tambor e aponta na cabeça do João*)
Você e eu.
Vida e morte. Nada mais poético que isso.

João
(*assustado*) Pa... Para com isso! Pelamordedeus!

Paulo atira e ouve um click.

Paulo
Agora, minha vez. (*click*)

João tenta sair, mas Paulo o agarra pelo coralinho de novo.

PAULO
Nananinanão, você não pode fugir da vida.

Mais um click
João está completamente paralisado.
Paulo aponta na cabeça dele e ouve-se um click.

PAULO
Você era muito bom de probabilidade.
Mas essa agora ficou fácil.
Fifty/fifty. Cinquenta, cinquenta.
Ou você ou eu.

Paulo aponta.
João está prestes a desmaiar.

JOÃO
Paulo, deixa eu ir embora.
Já entendi.
Deixa eu ir.

PAULO
Porra, João. Passando cinco anos naquele inferno você não entendeu nada?
Aqui só tem duas saídas. Ou é vida ou é morte.
(*aponta. João treme de medo. Click*)
É, João. Você tá com sorte.
Vai poder contar para as pessoas que estou morto.
(*aponta para a sua cabeça*)
Adeus, João.

JOÃO
Pelamordedeus.

Paulo engatilha a arma.

Paulo
Só não aconselho você a presenciar isso porque o pessoal vai pensar que foi você. Corre! Vai!

João assustado abre a porta. Dá uma outra olhada e sai correndo.

Pauo
Adeus, João. (*aponta para a cabeça e click*)
(*abre o tambor de novo. Sorri. Apoia sua mão no queixo e fica pensativo*)

Lado direito.
João entra correndo no quarto.

João
Ei, olha só isso! Tirei nove e meio.
Valeu... Paulo? Onde você está?

Paulo entra.

João
Onde você estava?

Paulo
No ginásio.

João
Ei, o que foi isso? (*examinando o rosto*) Você brigou?

Paulo
Estava lutando boxe com o sargento Gusmão.

João
Sargento Gusmão?

Paulo
É. Tentando descontar um pouco. Luto com ele toda terça. Mas quem tem descontado mais é ele.
Só tô apanhando.
João sorri.

PAULO
Mas um dia vou ganhar. Você vai ver. Tenho cinco anos pra isso. Agora preciso estudar.

JOÃO
Você estudando? Eu nunca vi você estudando.

PAULO
É. Esse negócio de gênio é mentira. Eu estudo. E bastante.

Paulo senta-se à mesa. A luz baixa. Paulo sai e passa para o outro lado do palco. Mas tem um outro ator muito parecido que continua sentado lá. Tudo com luz baixa de modo que não dá para perceber que são atores diferentes. Paulo de verdade é o que passa para o lado esquerdo. Ele senta na mesa de frente para o outro Paulo, de modo a parecer que tem um espelho no meio. Paulo da esquerda parece estudar o mapa. Paulo da direita, o livro de física. Os dois ao mesmo tempo pegam um CD e colocam no aparelho. Toca Coming Down Fast. Quando termina de tocar alguém bate na porta do lado esquerdo.

CACO
Sou eu, engenheiro.

PAULO
Entra.

CACO
É isso aí, gostei de ver. Sempre estudando.
Engenha, preciso de um favor.

PAULO
Digue.

Caco
É o Jeremias. Ele tá me sacaneando na conexão sul. Não quer liberar o corredor. O cara é metido a grã-fino. Acha que não tenho crasse. Vive me tirando. Acho que você pode me ajudar. Por que não vai falar com ele por mim?

Paulo
Eu?

Caco
É. Você é estudado. Tem crasse. Acho que ele pode te respeitá mais do que eu. Eu até compro uma beca aí pra você ir na estica. Sei lá. Não posso perder o terreno pro Jaimão. Cê vai lá?

Paulo
Caco, o cara é dos grandes. Será que eu consigo convencê-lo?

Caco
Engenha. Cheguei até aqui do nada. Não posso desistir agora. Não posso. Eu arranjo o encontro.

Paulo
Posso levar o Talco?

Caco
Pode. Mas por que você dá tanta confiança pro Talco? É um imbecil.

Paulo
Todos precisam de chance.

Caco
É isso aí. Nem desistir. Valeu. Depois te aviso o dia.

A luz baixa e do outro lado se vê o sargento Gusmão de luvas.

SARGENTO GUSMÃO
Desiste, soldado?
Você não tem a menor chance.
É melhor desistir antes que se machuque.
Desiste.

A luz descobre Paulo no chão.

PAULO
(*ainda no chão*) Não. Eu vou levantar.

Levanta com dificuldade.
Lutam novamente. Após algumas trocas de golpes, Paulo cai de novo.

SARGENTO GUSMÃO
Acabou. Você não consegue nem ficar de pé.

PAULO
Ainda não. Ainda não acabou.

SARGENTO GUSMÃO
Soldado. Você vai se machucar.

PAULO
Só meu orgulho, senhor. Ainda posso me levantar.

SARGENTO GUSMÃO
Você é teimoso demais.

Paulo se levanta novamente. Depois cai.

SARGENTO GUSMÃO
Acabou.

PAULO
Ainda não! Não acabou ainda!

Levanta e dá um golpe que faz Gusmão cambalear.

Paulo
Senhor, só vai acabar quando eu ganhar do senhor.

Gusmão sorri e eles continuam lutando.

Lado esquerdo.
Sala esfumaçada.
Tem um tabuleiro de xadrez na mesa.
Jeremias corta o charuto.
Acende calmamente.
Olha por um momento para o tabuleiro.
Está acompanhado do capanga.

Jeremias
Mande entrar.

Paulo entra com Talco.

Jeremias
Senta.

Os dois fazem o gesto de sentar-se.

Jeremias
(*apontando para Paulo*) Você sim. Ele não.
(*vira para o lado*) Já revistaram?

Capanga
Sim. Tá limpo, chefe.

Jeremias
(*mordendo o charuto*) Ora, ora, ora o que temos aqui.

Paulo
Me chamo Paulo, senhor.

JEREMIAS
Eu sei quem você é rapaz. O famoso engenheiro.
O homem que tornou a conexão Centro-oeste finalmente rentável.

PAULO
Quem fez isso foi o Caco.

JEREMIAS
Caco é um imbecil. Não consegue controlar nem seus homens.
Ouvi falar de você. Você realmente estudou naquela faculdade?
Como é mesmo o nome?

PAULO
Sim. Fiz engenharia aeronáutica, senhor.

JEREMIAS
Um traficante engenheiro. Isso é inédito, não?
Capangas sorriem.
Esperaí, quer dizer que você é tenente da aeronáutica?

PAULO
Não mais, senhor.

JEREMIAS
Para com isso de senhor. Isso aqui não é exército e não sou tão velho assim também.

PAULO
Estou aqui pra pedir permissão para transportar para o corredor sul.

JEREMIAS
Eu sei por que você está aqui. Mas como eu disse, o Caco é um imbecil. A conexão Sul é responsabilidade demais para um homem como o Caco.
Não posso permitir isso. Onde vocês estão já é demais.

Paulo
Mas, nós…

Jeremias
(*bate na mesa*) Nós não, porra. Antes de você, o Caco só me dava problemas. O Parada é um dos dez assassinos mais procurados do estado. Isso aqui é um negócio e não desfile de ficha criminal. Daqui a pouco os urubus vão cair matando em cima. Até onde você acha que o idiota do Caco consegue subornar? O tempo são outros. Discrição e astúcia. É isso que precisamos. E o mais importante de tudo: a lealdade. Caco age como se fosse o rei do pedaço. Isso aqui não é morro carioca.

Paulo
Mas eu vejo como melhorar a operação com a conexão sul. O Caco também sabe que é importante. Ele não é tão burro quanto você pensa. Senão não teria chegado até onde chegou. Eu tenho estudado muito toda a operação. Escute… Se a gente…

A luz abaixa.

João
Paulo, explica isso? (*pergunta olhando para o lado esquerdo*)

Paulo
(*só a voz*) Fractal. Você lembra o movimento Browniano? O movimento aparentemente desordenado das moléculas? Não é tão desordenado assim. Talvez até no mais completo caos possamos encontrar uma lei que rege todos esses movimentos. Complexos talvez, mas não sem ordem.

João
Mas como? Isso é uma loucura.
Ninguém pode prever os movimentos da vida.

Volta para o lado esquerdo.

Paulo
Pode sim. É difícil, mas não impossível.

Jeremias
Engenheiro, sua fama procede. Estou impressionado.
Vocês tem dois meses.
Se conseguir o que você está me dizendo, eu dou a passagem sul.
Mas... (*dedo em riste*) diga ao Caco que vai ter que se livrar do Parada.
Gostei de você, engenheiro.
Mas me responda uma coisa.
(*chegando perto*) Por que o tráfico?

Paulo
Acredito que a vida é simples.
Matar ou morrer.
Estou preparado para ambos os lados.
Matar ou morrer.
É o que eu faço.
É o que eu devo fazer.

Jeremias
Gostei de você, engenheiro. Gostei.

Paulo atravessa o palco de terno preto.

João
O que é isso **Paulo**? Alguém morreu?

Paulo
Morreu sim.

João
(*surpreso*) Quem?

Paulo
Meus pais.

João
O quê? Seus pais morreram?
Eles não vieram te visitar ontem?

Paulo
A partir de hoje eles não existem mais. E não volto mais pra casa.

João
Que brincadeira é essa?
Logo agora que a formatura está se aproximando.

Paulo
Isso não me interessa mais.

João
Pelamordedeus, o que interessa então?

Paulo
Matar ou morrer, ascensão e queda, é só isso que eu penso.

João
Você enlouqueceu?

Paulo
Nunca estive tão lúcido em toda a minha vida.

João
(*completamente desnorteado*) Mas por que essa roupa preta?

Paulo
É a simbologia da minha ruptura. Hoje todos morreram, inclusive eu.
A partir de agora não me importo mais em matar ou morrer.
Porque já estou morto.

João

...

Paulo
Já estou morto.

Atravessa de novo o palco.
Caco está cabisbaixo e outras pessoas também. Alguns choram. Paulo está cabisbaixo.

Caco
Sinto muito, engenheiro.

Paulo
Eu que sinto por você.

Caco
Ela gostava muito de você.

Paulo
Eu a amava.

Caco
Amor. É uma palavra que não escuto faz tempo. Mas ainda bem que você pegou o desgraçado.
A comunidade está em festa pela morte do Parada.

Paulo
Sei. Mas vamos sair logo daqui. Somos alvos fáceis aqui.

Caco
É... Que merda de vida. Que merda.

Saem amparados.

Lado direito.

João na carteira, está fazendo uma prova. Diz como se estivesse cutucando alguém da frente pra passar a cola.

João
Passa!

Do outro lado do palco
(*voz de Paulo*) Passa!

João pega o bilhete.
Parada aparece do outro lado e recebe um bilhete.

João
Agora tô entendendo. Eu sabia!

Parada
Agora tô entendendo. Eu sabia!
Sílvia! Sua safada. Eu sabia.

Sai.
Paulo caminha com Sílvia.

Paulo
Ah, o Parada vai passar em casa hoje para entregar uma coisa.

Sílvia
Parada? Esse cara me dá arrepios.

Paulo
Pelo que eu soube, vocês eram namorados.

Sílvia
Ei, eu tinha 13 anos. Isso não conta.
Você não tá com ciúmes do Parada, né?

Paulo
Eu? Eu? Eu tô sim.

Sílvia
Ah, seu bobinho. Que bobagem.
Eu só tenho você.
Você sabe.

Paulo
É? É mesmo?

Sílvia
Você tá duvidando de mim?

Paulo
A minha vó dizia: nunca se sabe o que se passa no coração dos homens.

Sílvia
Mas eu sei o que se passa no meu.

Paulo
O quê?

Sílvia
Ele bate por você.

Paulo ri.

Sílvia
Não ri não. Tô falando sério.

Paulo
Sei. Sei.

Os dois se beijam.

Lado direito.
Sargento Gusmão está colocando os sapatos e amarrando as luvas.

Sargento Gusmão
Hahahahahaha. Como o tempo passa rápido, não? Cinco anos. Cinco anos beijando a lona. O que pretende fazer quando sair daqui? Soube que você não enviou nenhum curriculum. Pretende seguir carreira militar? Ah, eu tenho uma coisa pra você. Toma. É pra dar sorte. (*empurra um pacote pelo chão*)

Entra Paulo e pega.

Paulo
O que é isso, Sargento?

Sargento Gusmão
Nada que um vencedor de pentatlo militar precise de verdade.

Paulo
O que é isso? Uma medalha?

Sargento Gusmão
Foi a primeira medalha que ganhei quando venci uma competição de tiro. Também fui campeão, não tão bom quanto você... mas...

Paulo
(*devolvendo*) Não posso ficar com isso. É muito pessoal. Você ganhou.

Sargento Gusmão
Ei, use nas suas futuras competições. Ficaria feliz em te ajudar de alguma maneira. Se é que vai competir. Se é que acredita na sorte.

Paulo

(*ri*) Mas acredito na amizade. Você sabe. Não vou esquecer isso. Obrigado. Aliás, obrigado por tudo. Vou sentir saudade de vocês. Mas... eu queria pedir uma outra coisa.

Sargento Gusmão

Diga.

Paulo

Sargento, eu tenho perdido sistematicamente pra você todos esses anos. E tem sido sem público. Eu quero uma última luta no ginásio com todos os alunos presentes.

Sargento Gusmão

Hahahahahahaha. Quer ser perdedor na frente do todo o mundo?

Paulo

Sargento. Estou bem melhor. Você sabe. Está com medo?

Sargento Gusmão

Medo, eu? Você ainda nem é tenente. Está preparado para conviver com uma humilhação pública?

Paulo

Algo me diz que vou ganhar.

Sargento Gusmão

Hahahahahahaha. Se está pensando que vou perder de propósito pra você, está muito enganado. Não sou tão nobre assim.

Paulo

Eu só quero uma luta justa.

Sargento Gusmão

Vi que não ensinaram direito a estatística pra você.

Paulo
E parece que lhe não contaram nada sobre força de vontade.

Sargento Gusmão
Fechado. Será uma semana antes da formatura no ginásio central. Eu consigo autorização e você pode divulgar na faculdade.

Paulo
Você não se importa de ter toda a torcida a meu favor?

Sargento Gusmão
Quem disse que vai ter só alunos? Vou chamar os oficiais e toda a base militar.

Paulo
Justo. Mas antes preciso de treino. Vamos!

Os dois lutam.
A luz cai.

Caco anda bêbado e com uma garrafa na mão. Cantarola e tropeça. As pessoas passam se esquivando.

Paulo chega do lado esquerdo amparando.

Paulo
Caco, você tá completamente bêbado.

Caco
Gênio, gênio. Cê percebeu?

Paulo
Para com isso. Você precisa parar de beber.

Caco
E vou fazer o quê? Essa porra anda sozinha.

Paulo
Não diga isso. Você é o chefe.

Caco
Chefe? Chefe de quê? O Parada já era. Isso aí que é um tédio total. Tem uma pá de conexão e contato que eu já não me dou conta.

Paulo
Mas a gente tá controlando tudo.

Caco
A gente? Ou você?
(*saca a arma*) Ei, cê não fez tudo isso de propósito não, né?

Paulo
Porra, Caco. Guarda essa arma. A Sílvia não ia gostar nada dessas histórias.

Caco
Sílvia! Sílvia! Caralho. Agora não tenho mais nada.
(*soluçando*) Diz ae, Engenha. Sou chefe dessa porra toda, certo?
Eu mando aqui, não é? Isso tudo é meu, não é?
É meu, não é?

Paulo
É, tudo seu. Tudo.

Do outro lado.
O João anda com cartazes e panfletos sobre a luta de Paulo e de Gusmão.

João
(*intercepta alguém e entregando o panfleto*) Ei, você já está sabendo da luta do século?

Aluno
Não.

João

Onde você estava? É o Paulo contra o sargento Gusmão.

Aluno

Sargento Gusmão? Aquele milico filho da puta que atormenta a gente desde que entramos?

João

É. Esse mesmo.

Aluno

O Paulo vai lutar com ele?

João

É.

Aluno

Mas ele não vai ter a menor chance. O filho da puta é forte pra caralho.

João

Eu sei. Mas o Paulo está crente que vai ganhar. Ele tem lutado com ele. E olha, eu nunca vi o Paulo não conseguir o que ele queria desde que eu o conheço.

Aluno

Bom, pelo menos de torcida ele vai precisar, né?

João

É claro. É por isso que tô divulgando.
(*andando*) Ei, é na semana que vem, hein?
Quero ver toda a faculdade no ginásio.

Paulo entra.

Paulo
Ei, o que é isso? (*pegando o cartaz*)
Paulo "Momentum" Sérgio vs. Sargento "Terrível" Gusmão?

João
Hehe, ficou bom, né?
Eu gostei dessa luta aí.
Seria legal você ganhar, não?

Paulo
Eu vou ganhar.

João
Putz, queria muito que você ganhasse.
Mas acho que ele é muito mais forte que você.
Ainda mais você só ter perdido pra ele, não?

Paulo
Sim, é verdade. Eu perdi. Mas o que ele não sabe é que eu conheço todos os golpes dele.

João
Pô, até aí ele também.

Paulo
E se eu disser que eu perdi de propósito as últimas lutas?

João
O quê? Mas por quê?

Paulo
Pra ele entrar no ringue com mais confiança.

João
Isso não é possível. Você não pode ter inventado essa luta assim tão friamente calculada.

PAULO
Bom, João. Tudo isso são apenas cálculos. Às vezes pode surgir algo que a gente não consegue prever.

JOÃO
Eu não entendo você.

PAULO
João, nem que você saiba tudo de uma pessoa, as motivações sempre serão incompreensíveis. E outra coisa. Eu posso estar completamente enganado. A direita do Sargento é demolidora. Se ele me pegar, sei lá, uma fração de segundos de distração, eu com certeza vou perder.

JOÃO
Então quer dizer que você no fundo não sabe quem vai vencer.

PAULO
É isso aí. Você está certo. Eu diria que a minha chance é de 60%.

JOÃO
60%? Que porra de cálculo é esse? Você às vezes é metido pra caralho.

PAULO
Tô brincando. Ei, continue chamando o pessoal. Se você lotar o ginásio com torcida, as minhas chances aumentam para 70%.

JOÃO
(*ri*) Tá legal. Mas ninguém vai querer perder essa luta. Ninguém. Vou lá então. E vai treinando, hein?
E se você perder, vou continuar seu amigo apesar da humilhação. Tá legal?

PAULO
(*ri*) Tá bom. Agora vou ter que ganhar de qualquer jeito. Passar cinco anos nesse inferno e ainda sair humilhado seria demais.

JOÃO
Ei, você já é um herói. Não se esqueça disso. Um grande herói. A gente vai estar lá torcendo por você. Se depender da gente você vai ganhar.

PAULO
Valeu, João. Vou precisar.

JOÃO
Ahã! Te peguei. Quer dizer no fundo que não depende só de você.

PAULO
Pô, João, para de me encher o saco. Vai distribuir essa merda, vai.

JOÃO
Sim, chefe! (*bate continência e sai correndo*)

Paulo ri.

Lado esquerdo.
Parada está na frente da casa do Paulo.
Sílvia está arrumando a mesa.

PARADA
Abre a porta. Sou eu, Parada.

SÍLVIA
Já vou.

Parada entra com tudo e agarra a Sílvia.

PARADA
(*beija*) Vem cá, me dá um beijo.

SÍLVIA
(*tentando escapar*) Você tá louco Parada, me larga!

Parada
Sei... como nos velhos tempos. Tentando se fazer de difícil. Mas eu tô sabendo. A gente vai fazer gostoso.
(*rasga a blusa dela*) Ah, se vai.

Sílvia grita.
Paulo entra com tudo.

Paulo
Parada, que porra é essa?

Parada
(*sem jeito*) Ei, não é o que você está pensando.

Paulo saca a arma e aponta.

Sílvia
(*chora*) Ele me agarrou.

Parada
Não. (*saca a arma e aponta para a Sílvia*)
Pra trás. Eu só quero sair. Não é o que você está pensando.

Paulo
Cala a boca. Larga a Sílvia. Isso é entre você e eu.

Parada
Nem pensar. Vou sair com ela. Sai da porta.

Paulo
Você vai morrer de qualquer jeito. Assim que sair.
Larga a Sílvia!

Parada
Hahahahahaha. Céloco, tio? Já passei por coisa bem pior, boyzim do carai. Vou fuder a piranha e volto pra te dar uns pipoco.

Paulo
Por que não agora? Você está na minha mira.
E não costumo errar a essa distância.

Parada
É memo? Vai se fuder. Sai da frente!

Paulo
Sílvia, fica calma.

Parada
Sai!!!!!!!

Paulo atira. Acerta Parada, mas o reflexo do Parada atinge também a Sílvia.
Ela cai.
Paulo corre para acudi-la.

Paulo
Meu Deus. Não podia ser assim. Isso não estava previsto.

Sílvia agoniza. Paulo se desespera.

Sílvia
O que não esta... va pre... visto?

Paulo
Vo... cê... Droga.
Isso é impossível.

Sílvia
Eu...

Paulo
Não diga nada.

SÍLVIA
Amo... vo... cê...

PAULO
Isso não era para ter acontecido...

Ela morre.

Levanta e coloca a mão no bolso do Parada e pega o bilhete de volta.

Do lado direito.

JOÃO
Você está nervoso?

Paulo aparece do lado esquerdo, sentado na frente de Jeremias. Tem tabuleiro de xadrez na mesa.

PAULO
Não.

JEREMIAS
Engenheiro, isso não pode continuar. O Caco é um imprestável. Nem entende mais no que a operação se transformou. Precisamos resolver isso antes que ele se transforme em empecilho. Soube que ele está tentando arrumar novos capangas, é verdade?

PAULO
Nada sério. Ele está com essa paranoia de que alguém vai matá--lo.
Os recrutas já estão na nossa folha de pagamento.
Nada do que já não saibamos.
Não vejo motivo para preocupações.

Lado direito e esquerdo.

João
(*plano direito*) Não há necessidade para preocupações?
Você tá louco? O cara tá invicto. Até com você.
Sei lá. Você pode se machucar.

Paulo
Eu não sei por que você está tão preocupado.
O que te deixa assim tão aflito?

Jeremias
(*plano esquerdo*) Você não conhece gente realmente desesperada.
Caco pode estar frágil, mas continua perigoso.
Ele ainda tem todo o armamento necessário.
(*pausa e olha para o tabuleiro*)
Sabe como se joga isso nos nossos tempos?
(*pega o rei branco e troca pelo preto*)
Rei branco no lugar do rei preto.

Paulo
O que... O que você está me sugerindo?

João
Sugiro que você mande um sinal. Sei lá, pisca o olho pra mim que eu jogo a toalha. Eu sei que você é teimoso, mas quando vir que você está ruim, vou jogar a toalha.
De acordo?

Paulo
Nunca, nunca vou fazer isso.
Isso não.
Caco não.

Jeremias
Ou você faz ou eu faço.

Você acabou com o Parada e ainda arrumou um jeito da comunidade legitimar. Vai encontrar um jeito. Não venha me dizer que você não tem ambição. Você o tem isolado ele com o pretexto de otimizar a operação.
Quem você está querendo enganar?
Cadê a lealdade que tanto prometeu e me mostrou?
Isso não é matar ou morrer?

João
Pô, sou leal a você.
Nunca faria nada que você não quisesse.
Você não tem medo...

Paulo
De que eu te traia não é?

Jeremias
Hahahahahahahhaha. Engenheiro, talvez eu não consiga entender todas as suas motivações. Você pode até ser o homem mais inteligente do mundo. Mas eu tenho a força. E você sabe disso.

João
É verdade. Ele é muito mais forte que você.
Desculpe, mas você vai perder.

Jeremias
Você não chegou até aqui pra perder tudo, não é?

João
A bolsa de apostas é a seguinte. É... Até o pessoal da base militar entrou nessa. Quer ver? Pega um papel do bolso. 94% Sargento. O resto você.
Sabe em quem eu apostei?

Jeremias
Você. Só você pode fazer isso. A minha aposta é que você comandará o negócio dentro de dois anos. O cartel precisa de um cara como você.

João
Apesar de tudo, eu apostei em você.

Jeremias
Você é a minha aposta.

Paulo
(*pensativo*) Não vou decepcionar você.
Matar ou morrer.
Esse é o caminho que escolhi.

João e Jeremias
É assim que se fala.
Vai nessa, campeão.
Estou com você.

Lado direito.
Dia da luta.

Professor
Senhoras e senhores, estamos aqui para uma confraternização inédita na história da nossa instituição.
Uma luta entre um aluno e um instrutor militar.

A multidão urra.

Mas tudo amistoso, diga-se de passagem.

Aluno
Nem tanto professor!

Muitos riem.

Professor
Tá bom, tá bom.
Mas vamos ao que interessa.
Do lado direito, o terror dos recrutas. O senhor absoluto da disciplina, campeão invicto do circuito militar de boxe, o odiado, o amado Sargento "Terrível" Gusmão!

A multidão o saúda. E o Gusmão entra no ringue.

Do lado esquerdo nós temos o garoto prodígio de São José dos Campos, vencedor da bolsa de estudo Roberto Santos da Mata. Campeão de tiro e bi-campeão de pentatlo militar, nada mais nada menos que o espetacular Paulo "Momentum" Sérgio!

Paulo (dublê) com capuz entra no ringue acompanhado de João.

Professor
Eu quero uma luta justa, tá legal?
Nada de golpe debaixo da linha da cintura.

Lado esquerdo.
A mesma cena do encontro de Paulo e Sílvia.

Paulo
(*para um aluno*) Quem é a Sílvia?

Aluno
(*aponta para a Sílvia*) Sílvia da nutrição? É aquela ali.

Sílvia está numa fila segurando material escolar.
Paulo chega por trás e derruba. Espalha tudo no chão.

Paulo
Putz, como sou estúpido. Me desculpe.

Ajuda a recolher.

Sílvia
Ah, tudo bem. Acontece. Brigada.

Paulo
Er... Você vem sempre aqui? Quer dizer...

Sílvia
(*sorri*) Claro, eu estudo aqui.

Paulo
Er... eu vim tentar uma vaga de professor aqui.

Sílvia
É mesmo? (*olha com calma*)
Você me parece tão novo.
Er... vai dar aula de quê?

Paulo
Física e matemática.

Sílvia
É mesmo? Eu adoro matemática. Mas física não gosto muito não.

Paulo
Quê isso? Ah, física é legal.
A gente podia tomar alguma coisa, né?
Aí você me conta mais sobre a escola.
Que tal?
Ah, me desculpe, me chamo Paulo.
E você?

Sílvia
Meu nome é Sílvia. Mas acho que não posso. Preciso voltar pra casa.
Senão o meu irmão me mata.

Lado direito.

Sargento Gusmão
Vou acabar com você, soldado.
Vou provar para todos que você ainda tem muito que aprender.

Paulo
Você não disse que ele tinha virado seu amigo? (*fala para o João*) Sei. Tem que fazer a pose. Que merda.

Sargento Gusmão
Isso aqui é vida real, meu amigo. E aqui sou muito mais inteligente do que você.

Lado esquerdo.
Paulo escreve um bilhete.

Paulo
(*escreve um bilhete e depois lê em voz alta*) Nunca consegui esquecer você. Esse Paulo não é de nada. Você que é homem de verdade. Venha me ver, vai. 11 horas em ponto. O playboy não vai estar em casa. Não demora. Ah, vê se não fala pra ninguém sobre isso. Será um segredo nosso.
Beijos.
Sílvia.

Lado direito.

Professor
É isso aí. Cada um vai pro seu canto e esperem o gongo.

Lado esquerdo.
Tucão e Paulo.

Paulo
Essa é a história. Você está conosco ou não? (*pausa*) Soube que você tem uma irmã no Jardim Romano. Deixa pensar se eu me lembro. Rua Camoeiro, ah, sempre fui bom de número. Deixe-me ver. Trinta... trinta e dois. É isso?

Lado esquerdo.

Paulo está acompanhado de Talco.
Capangas perto da mesa.

JEREMIAS
Quer dizer que você quer o posto do Jairo.

PAULO
Não todos. Só os que ficam perto da Ponte Rasa.

JEREMIAS
(*bate na mesa*) Caralho, não é só porque você endireitou a conexão Sul que vai dizer o que eu tenho que fazer ou não.
Além do mais, Jairo é meu homem de confiança.
Ele levou uma bala por mim.
E você, o que tem a me oferecer para provar sua lealdade?

PAULO
(*pega a arma que está na cintura de um dos capangas e dispara contra Talco e em seguida aponta para sua própria cabeça. Todos ficam atônitos. Todos sacam a arma e apontam pra ele.*)
Eu te dou a minha vida. Diga só "sim" que eu disparo.
Aqueles postos vão melhorar o fluxo. Eu sei como fazer isso.
Vamos, Jeremias, o que vai ser?

JEREMIAS
(*assustado*) Vo... você tem a minha permissão.

PAULO
(*coloca a arma na mesa*) Você sempre vai ter a minha vida quando quiser.

Sai.

Só vozes de Paulo e do João. Gusmão continua se concentrando no outro lado.

Paulo
(*voz*) Não foi assassinato. Foi um queima de arquivo. Está morto o único homem que sabia de algo.

João
O que você está dizendo?
Quem está morto?

Paulo
Hã? O que eu disse? Ah, sim. O Sargento Gusmão é um homem morto.

João
É isso aí. Vamos acabar com ele.
Olha só, a escola inteira está aqui. Olha lá. Os caras fizeram até faixas. "Paulo, esse vai ser o melhor presente de formatura". Hahahahahaha. "Você já é campeão!". "Paulo, é o seu momentum!" hahahahahaha. Os caras capricharam. Xi, tem faixa da base também. "Sargento, faça o que você tem feito sempre: bata nele!" Que merda. Está pronto?

Paulo
Estou.

Soa o gongo.

João
Vai nessa.

Paulo entra no ringue.
Os dois começam a lutar.
Depois de algum tempo Paulo cai.
Professor começa a contagem.

Professor
Um, dois, três...

PAULO
Tô bem, professor.

PROFESSOR
Certeza?

PAULO
Sim.

Começa a lutar novamente e soa o gongo.
João pega o banco e abana Paulo.

JOÃO
Paulo, o negócio tá preto. É a sua segunda queda.
O seu supercílio tá quase abrindo.
Mais uma e vou jogar a toalha.

PAULO
Caralho, João, não.
Você não tá vendo que estou fazendo o cara cansar?
Esse é o defeito do Gusmão. Ele sempre ganhou as lutas nos primeiros rounds. Nunca treinou a resistência. Os golpes dele já não estão tão fortes.

JOÃO
Mas...

PAULO
Promete que não vai jogar a toalha.
Promete?

JOÃO
(*contrariado*) Prometo.

Soa o gongo e Paulo continua apanhando.
João assiste apreensivo, apertando a toalha na mão.
Paulo cai de novo.

Professor
Um, dois, três, quatro, cinco, seis, sete, oito...

Paulo se levanta completamente grogue.

Professor
Paulo, tô preocupado com você. Na próxima queda vou parar a luta.
Isso aqui não é pra valer. É um amistoso.

Paulo
Professor. Eu vou ganhar, professor. Eu vou ganhar!

Levanta e fica cambaleando. Soa o gongo.

Sargento Gusmão
(*voltando para o seu canto*) Desiste, soldado. Desiste.

João
Porra, Paulo. Desiste. O seu supercílio abriu.

Paulo
Caralho, então limpa. E passa essa porra do creme. Esse round é meu.

Soa o gongo.

Sargento Gusmão
(*batendo*) Por que não desiste, soldado?
Já chega. Já chega.

Paulo
Ainda não, Sargento.

Sargento Gusmão
Você tem que aprender a desistir.
Tem coisas que são impossíveis.
Aceite! Aceite!

Paulo
Ainda não, Sargento, ainda não.

Eles se movimentam como se fosse câmera lenta.
Gusmão continua batendo.
Mas há um movimento que o trai.
Um soco passa no vazio.
Paulo se movimenta para o lado direito girando o corpo.

Voz em off
"Produto da inércia rotacional de um corpo pela sua velocidade de rotação em torno de um determinado eixo."

Acerta o rosto em cheio um upper cut que faz o Sargento cair no chão.
O ginásio vem abaixo.

Professor
(*quando começa a contar aparece do fundo do lado esquerdo o dublê de Paulo que carrega a arma na contagem do professor*)
Um, dois, três, quatro, cinco, seis, sete, oito, (*Gusmão tenta levantar*)
nove e dez!
Acabou, acabou. (*apaga a luz do dublê*)
(*ergue o braço do Paulo*)
É o vencedor!

João corre.

João
Não acredito, não acredito, você ganhou.
Diga alguma coisa.

Paulo
(*sorridente. Continua de braços erguidos. Olhando para o João*)
(*imitando Rocky Balboa*) Adrian, Adrian... Sempre quis fazer isso.

João ri e o abraça. Levanta a mão dele.

João
É campeão! É campeão!

A luz se apaga.
Entra do lado esquerdo Caco, completamente desnorteado. A sombra dele fica projetada na parede. No momento em que isso acontece ele aponta a arma contra a parede.

Caco
(*atira*) Quem é? Quem é que está querendo me pegar? Aparece, filho da puta! Sou o dono deste lugar. Tudo que você está vendo é meu! Aparece!

Paulo está mirando do outro lado, observado por Tucão.
Atira mas erra.

Tucão
Você errou. Cadê aquela história toda de bom de mira?
Porra, até eu acertava essa.
Me dá essa arma que eu acabo com isso.

Paulo
Caralho, seu imbecil. Com quem você acha que está falando? Se eu quisesse, teria matado. Ainda não é hora. Isso vale mesmo pra você.
Lembre-se, se eu quisesse teria matado.

Black out.

Paulo está sentado na mesa. Tira do embrulho a medalha que o Gusmão deu a ele.
Coloca no peito.
Caco entra esbaforido.

Caco
Engenha, alguém está tentando me matar.
Você tem que me proteger.

Paulo
O que aconteceu?

Caco
Porra, tem alguém querendo me matar!

Paulo
É sinal de que você se tornou um homem realmente importante.

Lado direito.

Professor
Antes de mais nada, gostaria de agradecer aos formandos por terem me escolhido como paraninfo deste ano.
É um imenso prazer estar diante de tantos homens brilhantes.

Caco
Conversa. Caralho, ando desconfiado. Por que é que o Jeremias tá me tratando tão bem agora? Me diz?

Paulo
Por que você melhorou a conexão em, digamos, 200%?

Caco
Caralho. Eu não. Você. Olha, eu quero cair fora.
Eu vou me mandar. Tá legal? Fica com a porra da operação toda pra você. Estou fora.

Paulo
Você não pode sair assim, sabe?

Caco
Como assim? Não posso sair assim?
Vo... Você... Foi você, não foi?
(*levanta assustado, apontando a arma*)

Paulo
Não, Caco, não. Que paranoia.
Vamos lá fora. Quero te mostrar uma coisa.

Caco
Não. Eu me sinto mais seguro aqui.

Professor
Foram muitos anos de estudo e dedicação. De corpo e alma.
E posso dizer que vocês estão muito mais do que preparados.
Lá fora um mundo espera por vocês.

Paulo
Vamos lá fora.
Fica tranquilo, sou eu, pode confiar em mim.

Leva o Caco pra fora.

Professor
Escolham um objetivo, senhores.
Qualquer que seja, a escolha será bem sucedida.

Paulo
Lá debaixo da árvore tem armas e munições, você vai precisar.

Caco
É assim que se fala, Engenha. Sabia. (*se afasta*)

Professor
Eu me lembro como se fosse ontem, nosso primeiro encontro.
Vocês estão lembrados do que falei? Construir algo grandioso.

Deixar para a posteridade o legado das suas criações. Mostrar ao mundo a sua grande obra.

Paulo
Ozymandias.

Caco
Que brincadeira é essa? Aqui não tem nada.

Paulo e professor
Construir e edificar.

Caco
Foi você, não foi? Fala desgraçado. Fala! Hahahahahahahaha. (*mistura de riso e choro*)
Foi você. Não pode ser.
Você é o pior demônio que pode existir no mundo.
(*aponta a arma*)

Professor
Os homens mais preparados e capazes.
O futuro deste país e aqueles que modificarão certamente o destino deste mundo.

Paulo
Vocês nunca vão descobrir.
A grande equação que fiz da minha vida.
Caco, uma luta justa.
Toma. (*joga um pente*)
Onze no pente e uma na agulha.

Professor
Sejam justos, leais e compreensivos.
Sejam grandes.

Caco
(*pega o pente e dá 3 tiros pra cima e recarrega a arma*)
Assim seja, vamos ver se você é bom de vida.

Os dois atiram.
Se movem como se estivessem em câmera lenta.
Paulo se joga no chão e rola atirando.

Voz em *off*
"Produto da inércia rotacional de um corpo pela sua velocidade de rotação em torno de um determinado eixo."

Caco joga a cabeça pra trás, ajoelhado. Em seguida cai pra trás.
Paulo levanta.

Professor
Assim, com muito orgulho, eu declaro que todos vocês estão formados.
Que Deus os abençoe.

Cai o pano.

O tempo se dilata e o espaço se contrai.

Eu era estudante de engenharia quando escrevi Momentum. Talvez fosse o primeiro texto comprido que escrevia. De fato, eu estava obcecado pela história real de um ex-estudante do ITA que tinha se transformado em chefe de tráfico na Zona leste. Não, não era apenas uma lenda. Um amigo próximo conhecia a irmã do suposto homem-enigma e eu mesmo cheguei a ter contato com ela. Mas nunca tive coragem de perguntar sobre. Talvez fosse minha timidez ou o receio de que o fato não fosse verídico ou no fundo eu realmente não quisesse saber o que tinha acontecido. Acho que eu queria o mistério. Como bom aluno de exatas, formulei milhares hipóteses e respostas, mas não cheguei a nenhuma satisfatória. Eu estava diante de um mistério da vida. "Por quê? Por que um homem promissor com inteligência fora do comum teria escolhido o caminho do crime?" Eu perguntava ingenuamente. Talvez o motivo de não ter perguntado nada à irmã do suposto criminoso, fosse medo. Um medo estranho de que eu também pudesse me transformar em mal. Comecei a pensar que talvez eu não entendesse a verdadeira motivação do personagem surreal em questão. Talvez eu não entendesse os verdadeiros motivos e, o que era mais plausível: a minha inteligência estivesse aquém da compreensão dos fatos e principalmente do homem em questão. Então, comecei a compor um mosaico. O que um homem superior sentiria e veria. O que um homem dotado de superinteligência pensaria e arquitetaria. Na época, estudava a Teoria da Relatividade de Einstein e que oportunamente me forneceu ferramentas para a minha explicação translocada. Um homem que compreende uma outra natureza do universo. A verdadeira. Logo, ele transcenderia a explicação maniqueísta do bem e mal e vislumbraria um outro signo, outro conceito de moralidade. Foi o que tentei fazer nessa peça. Como Kurtz que experimenta um outro sentido da vida, comecei a imaginar o que a descida ao inferno teria feito ao herói trágico incorporar uma outra explicação que pudesse ter moldado ou remodelado o seu sistema de julgamento, tornando compreensível somente e apenas a si mesmo. Assim, mesmo sabendo os seus feitos, tudo mais à volta continua incompreensível. Um verdadeiro Cidadão Kane que mesmo descobrindo, catalogando e taxonomizando todos os fatos, tudo ainda permanece incompreensível. Qual é a verdadeira natureza do homem? Qual é a natureza do universo? O que é o bem e o que é o mal? Tudo permanece na mesma estaca zero de antes, mesmo depois de toda a jornada. Ah, se eu realmente pudesse conviver simultaneamente no passado, presente e futuro. Meus pensamentos, o meu próprio corpo na velocidade da luz, mesmo o tempo se dilatando e o espaço se contraindo repetida e infinitamente, o entendimento e a explicação da alma humana me parece absolutamente insondável.

Nick Farewell

O GAROTO-MOEDA

Há um biombo. Uma mesa e uma cadeira.
Uma camisa é jogada por cima do biombo. Em seguida, um terno.

GAROTO-MOEDA
(*voz não muito forte*) Saco. Nunca consigo me decidir.

Mais camisas e ternos jogados. Um terno cai no chão. Só aparece a mão do garoto que pega. Ouve-se barulho de quem se troca. Após algum tempo, o garoto sai com um terno ridículo. O tórax do garoto tem a forma de uma lata. Caminha até a outra extremidade do palco, onde está pendurada uma tabela.

GAROTO-MOEDA
(*entusiasmo*) dez centavos!

Fica por algum tempo com cara de quem está entusiasmado. De repente fica sem expressão no rosto, como se o efeito do "entusiasmo" tivesse acabado. Fala para a plateia.

GAROTO-MOEDA
Meu nome é XTATK798198558. Tenho 452 anos, masculino, sei que é raro, a maioria da população é unissex. Tenho origem série delta inseminação com função aperta parafuso e moro na província de Coca-Cola.

Olha novamente para a plateia com expressão muda.

GAROTO-MOEDA
Ah, o ano é de 3458. Vocês devem ter estranhado a província de Coca-Cola, né? Pois é. No ano 2998, o território que era da Volkswagen foi comprado pela Coca-Cola, assim instaurando a diarquia Coqueana, com governo composto por altos executivos dos dois países-empresa com onipotência do seu diretor-executivo in chefe-mega-hiper-master-grão-duque-presidente Aiaiaiaiaiai Coca. (*pausa*) Ah, e tem funcionado bem, viu?

Tem uma eficiência administrativa que você nem imagina. Você sabe, a eleição foi abolida no ano 2480, e quem decide quem governa são os acionistas-faculdade-eleitoral com sistema sensi--otário. Nunca entendi bem esse termo, mas... Mas vamos deixar essa política-consumista de lado porque não gostamos muito disso, não é mesmo?

Mais uma expressão muda.

Garoto-Moeda
Eu trabalho na expedição da coluna esquerda com entroncamento Mcfly, dizem que esse nome é homenagem a um filme da época de 1980 que erra grosseiramente na previsão do futuro. Eu não tenho certeza. Aí, você levita até a rua Metropólis, contorna 451 graus fahrenheit, passando por Alphaville, você sabe. No número 2001. É aí. Odisseia Office. O2. Odisseia Office. OO. O2? Entendeu? (*fica olhando com uma expressão muda*) Ah. (*pega uma moeda do bolso e coloca nas costas.*) Sorriso. 20 centavos. (*em seguida sorri, fica mais tempo do que seria um sorriso normal e volta com a expressão neutra.*) O que eu faço? Sou o que chamam de apertador de parafuso. Dizem que esse termo existe desde o milênio passado. Eu fico parado assim na linha de produção. Aí, tem uma esteira infinita que passa na minha frente. É infinita mesmo. Ela circula por todos apertadores de parafuso e volta de novo. Então, o pequiplocarmimauritânio... Não entendeu? Vou repetir. O pequiplocarmimauritânio passa na minha frente. Então, eu coloco o fio verde no buraco verde e o fio vermelho no buraco vermelho; e o meu companheiro do lado coloca o fio azul no buraco azul e o fio roxo no buraco roxo. Não é fascinante? Eu me divertia muito quando trabalhava lá, se bem que essa palavra "diversão" nunca consegui entender.

Vai andando até a tabela e a olha.

Desânimo. dez centavos. (*coloca a moeda nas costas*) Sentimento de diversão é muito caro. Nem que eu ficasse apertando parafuso por 3000 por anos. Mas, quem sabe, um dia a roleta da fortuna me escolhe e vou ter todas as moedas do mundo. Ah, vou te contar a última coisa que descobri. Desconfio que é por isso que eles me falaram para ficar em casa desde o ano 3015. Um dia, eu conheci ATET83341234. A gente estava na estação alcoólica se abastecendo. Descobri que ele trabalhava também no O2. E mais louco. Na mesma esteira infinita que eu. (*pega mais uma moeda.*) Surpresa. dez centavos. Mas o que ele fazia era estranho. Ele destruía os pequiplocarmimauritânios com um desintegrador atômico. Então, eu fiquei intrigado. Tive que usar cinquenta centavos para isso. Imagine. Pensa comigo. Se a esteira é infinita, quer dizer que a gente constrói o pequiplocarmimauritânio para ser destruído no fim? Quer dizer que depois de ser destruído volta para a mesma esteira para que possamos construir de novo? Pra quê? Por quê? (*coloca a mão no bolso.*) Puxa, tenho poucas moedas. Com esse sentimento de dúvida, acho que não vou gastar, não. Você me entende. Então, no dia seguinte perguntei ao meu Chefe in Office. No mesmo dia eles me falaram que eu estava de licença-férias--campo-praia-estrada-rua e estipularam um soldo-pago-miserê para eu ficar em casa. Desde então, estou eu aqui.

Mais uma expressão muda. Mexe de novo no bolso.

Garoto-Moeda
Não tenho moeda para esse sentimento. Tenho que economizar. O mês-flash-eternidade ainda vai demorar para acabar. Uma pena. Ah, para isso eu tenho. dez centavos. (*coloca a moeda nas costas*) Bom, mas deixa eu contar coisas boas. O progresso da tecnologia. Sabia que a gente não morre mais? É. Isso mesmo. A morte foi banida no ano 3000. Eu fico pensando que eles já tinham descoberto isso antes, mas resolveram lançar só no ano 3000 para aumentar o efeito e causar euforia nos meta-humanos.

Sabe? Eu tive de usar três dólares para ter desconfiança disso. Bom, como já disse, a gente é imortal. Tenho no lugar do coração uma bomba de hidrogênio, por isso a gente teve que usar esse exoesqueleto, para evitar qualquer tipo de complicação. Os órgãos foram substituídos por seus componentes eletro-biônicos mais eficientes. E melhor, vida útil quase infinita. Ah, tem uma coisa que vocês vão gostar. O sangue também foi substituído. Por um líquido super-viscocêmico, e no ano 3010 descobriram uma maneira de mudar a sua coloração. Azul! Ou seja, no futuro somos todos nobres. (*ele verifica novamente as moedas. Pensa. Fica um pouco indeciso, mas coloca a moeda nas costas. Sorri em seguida.*) Mas anos depois começou a avacalhação. Os meta-humanos queriam outras cores. Então, inventaram até um exoesqueleto transparente para ficar olhando o sangue, sei lá, verde, circulando pelo corpo. (*faz gesto de louco com o dedo.*) Vai entender. Ah, falando em não entender, ouvi uma fofoca-boato-fantasia-sensacionalista sobre uns miliomoedionisíacos, puxa, até o nome é rico, né? Que pagam uma fortuna para poder morrer. Pensa comigo. O sonho da humanidade, sim, do pouco da história que eu conheço, não era atingir a imortalidade? E quando eles conseguem, eles querem morrer? Eu não entendo. Dizem alguns que nos próximos anos, na nova tabela dos sentimentos, vai figurar a morte. Dizem que vai custar uma fortuna. Até alguns dizem que será o estado mais cobiçado de toda a meta-humanidade. Quando ouvi isso eu até gastei umas moedas para sentir medo, sabe? Será? (*expressão muda*)

Mas querem saber a melhor das novidades? Acho que vocês já devem ter desconfiado. No ano 2700, o governo da Petrobrás, de um país-empresa da América do Sul, acho que no tempo longínquo chamava Barasol, ou algo assim, decretou que toda infelicidade das pessoas — isso antes de se tornarem todos meta-humanos — vinha dos sentimentos. Logo, tiveram a ideia brilhante de acabar com todas as emoções humanas. Ah, mas

você sabe. Somos todos países-empresas democráticos. Livre-
-arbítrio. Eles respeitam muito a opinião das pessoas. Afinal de
contas, o cidadão-consumidor sempre tem razão. Aí, em troca da
isenção no imposto-leão-tigre-tiranossauro-rex, instalaram esse
dispositivo nas costas e você pode escolher sentir o sentimento
que quiser. Não é genial? Vocês estão com inveja, né? Vejam só
como sou feliz. A inveja só custa cinco centavos. Logo depois
essa ideia foi comprada por todos os países-empresas do mundo inteiro, e todos nós agora somos felizes. Quer dizer, quando
se tem dois dólares. Depois disso, aconteceu algo estranho. As
pessoas pararam de conversar. Só os ricos é que podiam se dar
ao luxo de conversar. Sabe, custa muita moeda conversar. Ter todos aqueles sentimentos. Mas, por outro lado, sentir-se solitário
deixou de ser uma coisa ruim. Depois do ano 2800, o suicídio
por solidão deixou de existir. Para ser sincero, eu não sinto a
menor falta das pessoas. A não ser quando coloco a moeda para
sentir. Por que eu faço isso se isso me deixa triste? Ah, primeiro,
custa menos que sentir-se triste; segundo, às vezes eu escrevo,
sabe? E sem me sentir solitário, eu não consigo escrever nada.
Então, eu gasto minhas moedas e escrevo um pouquinho. É uma
pena que o efeito dura pouco. Não me admira que todas as obras
poéticas de hoje em dia se resumam a penas frases curtas. Eu
ainda sonho em escrever o meu poema-frase definitivo. Ah, se
eu pudesse ter mais moedas... (*procura mais moedas. Fica mais
indeciso agora. Finalmente coloca a moeda nas costas.*) Lamenta-
ção. Mas vou contar um segredo para vocês. Estou preparando
a minha grande obra. Um livro de poema com nada mais nada
menos que 365 poemas-frases. Sim, um poema para cada dia
da semana. Mas eu tenho um problema. Sou compulsivo. Uma
noite, decidi que escreveria o meu grande poema. Coloquei um
monte de moedas e escolhi solidão no modo contínuo. Sabe o
que aconteceu? Fiquei tomado por um estranho sentimento, dizem que é um efeito colateral chamado angústia. Não é que o

governo-diretoria tem razão? Experimentei algo como a morte, se bem que nunca vou experimentar isso, queria sair daquilo desesperadamente. Mas não parava. Acionei até o botão *reset,* mas não adiantava. Então tive uma sensação estranha. Algo me dizia que eu tinha que dar uma gargalhada. Daquelas de acordar toda a meta-vizinhança. Sentimento louco, pensei. Eu estou me sentindo extremamente triste, é isso que senti. Fiquei pensando, somei as moedas que coloquei e não é que dá o mesmo custo da tristeza profunda? Mas pensa comigo. Se eu estava me sentindo extremamente triste, por que é que eu queria dar gargalhadas? Desconfiei da sanidade. Isso não é coisa de meta-humano. Não é lógico, não acha? Então, tive que colocar todas as minhas economias que tinha separado para ocasiões especiais, como velório, acasalamento-cortejístico e show-micareta-comédia para poder dar gargalhadas à noite, sozinho, por quase dois minutos. É por isso que estou pobre-pindaíba-miserê-total-descapitalizado. (*expressão muda*)
Mas não sinta pena de mim. Longe disso. Sou um meta-humano feliz. Vou viver para sempre. Para sempre. (*pausa*)
Só uma coisa me intriga. Há algum tempo comecei a frequentar o museu dos sentimentos. Lá, tem uma porção de quadros, livros, filmes sendo projetados o tempo todo. E principalmente uma coisa que foi banida há muito tempo: música. São todos objetos que perderam a utilidade, porque agora precisamos saber exatamente o que vamos sentir, sabe? Mas dizem que, quando não existia o sistema de moeda-sentimento, todas aquelas coisas provocavam algum sentimento. Imagine. Alguma coisa provocar um sentimento. Sem precisar de moedas! Fiquei tão intrigado que até comprei um dispositivo chamado CD. Tive que comprar junto um aparelho para reproduzir o som. Fui ansioso para casa e coloquei o CD para tocar. Mas não sentia nada. Voltei a música, mas continuava não sentindo nada. Foi como aquele teste que eu fiz. Fiquei olhando para um quadro de um humano, mas

te juro, as feições pareciam de um meta-humano, e o quadro era de 1893. Imagine essa velharia. Era um humano gritando numa ponte. Primeiro, coloquei uma moeda pra ver se era de ansiedade, pensando que ele estava procurando alguma ajuda. Um pedido de socorro. Funcionou. Eu entendi. Depois, eu coloquei um pouco mais de moeda e senti a dor. O quadro fez um pouco mais de sentido. Depois, coloquei a moeda para sentir expectativa. Podia ser que ele estivesse chamando por alguém. Também fez muito sentido. Mas algo estranho aconteceu quando coloquei moedas para sentir desespero. Parecia que eu estava dentro do quadro. Parecia que o homem era eu, assim. (*reproduz o quadro*) Tive um efeito colateral que oscilava entre perplexidade e espanto. Saí correndo do museu e fiquei muito tempo sem voltar lá, até o dia em que tomei coragem para comprar isso. Por algum tempo, fiquei escutando sem parar, na esperança de poder sentir alguma coisa. Mas nada. Exceto essa música. (*toca no aparelho My one and only love.*)

Após tocar a música.

GAROTO-MOEDA
Fala a verdade. Não dá vontade de sair correndo pra estação alcoólica e se abastecer até cair? É. Isso que sinto.

Fica na cadeira sentado, estático, olhando fixamente para a plateia, logo em seguida abaixa a cabeça. Após algum tempo, canta baixo.

GAROTO-MOEDA
The very thought of you makes
My heart sing
Like an
April breeze
On the wings of spring
And you appear in
all your splendour.

Canta baixo até que a voz desapareça por completo. Ainda continua cabisbaixo.

GAROTO-MOEDA
Então, comecei a comprar CDs compulsivamente, quadros e figuras na esperança de que pudesse me provocar algum sentimento sem precisar colocar moedas. Mas nada. Numa noite, coloquei uma moeda para sentir ira e destruí todas as coisas. Quebrei, queimei, rasguei. Só sobrou este CD e a caixinha de música. (*pega na mão a caixinha de música.*) Apesar de não sentir nada, me distrai a olhar o movimento da bailarina. (*levanta-se de súbito.*) Já sei. Eu poderia usar agora uma moeda para sentir inveja de quem tem muitas moedas. Não. Seria bobagem gastar moedas com isso. (*anda um pouco.*) Já sei. Vou colocar uma moeda para sentir desejo. Desejar que nunca mais precise colocar moedas para sentir. Ao menos, se eu pudesse ganhar a roleta milionária! Você já pensou sair do banco-cartão-crédito com um carro-forte-titânico com um milhão de dólares em moedas? (*saca uma moeda do bolso. Um pouco indeciso, mas coloca uma moeda. Quando coloca uma moeda, faz um barulho na junta do braço como se estivesse enferrujado.*) Deslumbre. (*cara de quem está deslumbrado*) Demorei para entender esse sentimento. Custa um pouco menos que esperança e quebra um galho... Mas todos são tão passageiros... Por que não pode um sentimento durar para sempre? (*abre os braços. Faz o barulho novamente. Mexe no braço.*) Droga. Será que estou com tendinite moedal? (*mexe mais um pouco e o barulho desaparece.*) Ah, bom. Que... (*pega um moeda do bolso.*) Não, vou economizar a moeda. (*pega as moedas do bolso e conta.*) Putz, só tenho vinte e cinco centavos. Preciso guardar. Já passa das dez horas e só vou poder ir a manhã ao cofrinho 24 horas. Tenho que economizar. Economizar sentimentos... Eu às vezes me pergunto. Para quê? Se nós não vamos morrer? Por que é que a gente tem que pagar conta-papel-enforque, se nós não morremos mais? Será que toda

essa necessidade de consumo foi introduzida no nosso organismo quando fizeram a conversão de sentimentos em moeda?
(*pausa*)
A vida inteira os meta-humanos economizam o seu dinheiro para poderem sentir o amor. O sentimento supremo. O mais caro da escala. Quando certeiro, dizem que é o mais duradouro dos sentimentos. Não encontrei muitos que tenham conseguido sentir esse sentimento. Mesmo porque não conheço muitos meta-humanos ricos. Mas tem aqueles que juntam moedas a vida toda, ou sacrificam seus próprios sentimentos para um dia conseguir o amor. Aí então, eles se casam, mas correm o risco do fator "correspondência", se o outro meta-humano não puder retribuir, tudo vira água. Por isso que tem loucos que juntam moedas por duas pessoas. Não querem correr riscos. Agência de ajuntamento também é muito comum. Você vai na agência, escolhe o seu perfil de meta-humano, entra em contato e, se gostarem, inicia algo que chamamos de romance-pré-casamento-tentativa. Daí, eles juntam moedas juntos para poderem sentir o amor juntos. Eu acho prático. Mas pensa bem. Se nós vivemos para sempre e todos os sentimentos em tese são passageiros, mesmo o amor, que custa muitas moedas, pra que fazer isso? Para terminar no laboratório de inseminação e produzir mais um meta-humano? Qual é o propósito disso? Às vezes eu não entendo a minha própria raça. Esses meta-humanos não são muito racionais. Tudo isso porque as emoções são controladas. Não entendo. (*fica um pouco pensativo. Coloca uma moeda nas costas. Inicia a fala com um pouco de vergonha*) Minto. Uma vez algo me aconteceu. Nunca vou saber se foi proposital. Ou fui eu mesmo que produzi. Estava eu na rua Truffaut, esquina com Kieslowski. Na verdade, eu estava levitando do entroncamento Romeu com Isolda. Você sabe, depois da obra, o entroncamento Romeu não se encontra mais com a saída Julieta. Então, eu vi pela frente a mais bela meta-humana que já vira na minha vida. Ela inclusive

tinha uma pinta vermelha na têmpora direita. Muito raro hoje em dia. Como era da cor vermelha, desconfiei que ela a tenha conseguido no mercado negro. Ela levitava mais do que os outros na esteira. Se movimentava graciosamente e tinha gestos comedidos e precisos. Instintivamente mudei de esteira com a intenção de acompanhá-la e fui me aproximando. Quando cheguei a dois crupits de distância, senti a sua fragrância induzida. Por um momento tive a sensação de sentir algo. Verdade. Então coloquei a mão no bolso e contei todas as moedas. Não tinha muitas. Então, ela parou em frente à estação alcoólica na esquina da rua Dostoevski com Hemingway. Eu nunca entendi esses nomes. Mas dizem que eram humanos importantes de um tempo muito distante. Agora só marcam essas ruas esquecidas e escuras de baixo-cidade-cortina. Aproveitei para pegar mais moedas, saquei quase todo meu merreca-salário-esmola. Fiquei com uma vontade infinita de conversar com ela. Saí correndo do cofrinho colocando moedas para sentir medo. E preparando outras para sentir frustração, caso ela não estivesse mais lá. Mas ela estava lá. Mais linda do que nunca. E no momento em que ela jogou o cachecol para trás, eu tive a certeza do que eu deveria sentir. Admiração. Uma fortuna. Dizem que é porque é um sentimento muito próximo do amor. Coloquei muitas moedas e deixei algumas no meu bolso. Porque eu sabia que eu tinha que conversar com ela. Até guardei um pouco, caso ela não tivesse moedas para poder conversar comigo. Então coloquei mais moedas para sentir ansiedade. Você acredita que eu senti um frio na região onde antigamente existia o estômago? Então fui lá. Eu disse olá. E aconteceu a coisa mais fantástica do mundo. Ela me olhou, observou e procurou algo na sua bolsa. Eram moedas! Ela pegou e colocou nas costas e sorriu. Sim, ela sorriu. Ela sorriu pra mim. Era o sorriso mais bonito do mundo. Mas em seguida disse: "Me desculpe, não tenho muitas moedas para conversar. Sabemos que é muito chato conversas sem sentimentos." Sei lá, talvez ela tenha dito a coisa mais óbvia do mundo, mas pra mim pareceu a coisa mais graciosa que já tinha ouvido até então. Fiquei até pensando que era o efeito colateral da admiração e da ansiedade. Esses sentimentos compostos sempre causam reações complementares. Então eu respirei fundo, coloquei uma moeda calmamente nas minhas costas e sorri. Eu sei que ela nem precisava, já que não tinha mais moedas. Ela ficou indecisa com a moeda na mão, mas colocou nas costas e sorriu de volta para mim. Nessa hora da prorrogação-campeonato-decisão nem sabia mais se era efeito colateral ou estava sentindo por mim mesmo. Isso a gente chama de milagre-sentimental-catarse? Em seguida, eu disse com a maior calma do mundo: "Eu tenho, quer dizer, eu peguei muitas moedas pra gente conversar. Que tal a gente se abastecer na estação?" Ela me olhou, colocou uma moeda nas costas e disse: "Estou incrédula. Por que você gastaria suas moedas?" Eu respondi da maneira mais simples possível: "É porque eu admiro você." Ela procurou moedas, mas não conseguiu o suficiente. Eu sabia o que ela queria, então eu estendi uma moeda de vinte e cinco centavos. Ela, de início, não quis pegar. Mas eu insisti. Ela pegou, colocou nas costas e ficou surpresa. Assim, comecei um romance-contato inesperado. Eu nunca pensei na minha vida que um dia eu pudesse fazer uma coisa dessas. Ficamos no bar até todas as minhas moedas acabarem. Ficamos de nos encontrar no dia seguinte em frente ao lago e ficaríamos olhando o sol artifício. Ou, na pior das hipóteses, ficaríamos olhando um para o outro. Ao dizer isso, sabíamos exatamente o que queríamos sentir. Estendi as últimas moedas que cada um colocou nas costas. Olhamos um para o outro, sorrimos. Depois disso, nós nos encontrávamos quase todos os dias. Ora racionalizávamos as moedas, ora gastávamos, nós nos sentíamos muito próximos. Por muito tempo, até os momentos em que só ficávamos olhando um para o outro por falta de moeda, juraria que eu sentia alguma coisa. E melhor, sabia que de alguma maneira ela

O Garoto-Moeda

também sentia isso. Então, eu comecei a juntar as moedas em segredo, na esperança de um dia poder sentir o amor. Algo me dizia que ia ser um sentimento para sempre. Um milagre-sentimental permanente. Eu sabia. De alguma forma, eu sabia. Então, um belo dia um desastre-arrasa-quarteirão-terremoto-maremoto-avalanche-furacão aconteceu. Ela marcou um encontro na rua Mike Figgs. Ela ficou me olhando um tempão e, antes que ela pudesse colocar as moedas nas suas costas, eu antecipei. Coloquei uma moeda nas minhas costas para sentir um presságio, uma expectativa que antecede uma notícia ruim. Ela sentiu que eu entendia o que ia acontecer. Guardou a sua moeda e me entregou um comunicado-país-empresa-obrigação. Era uma ordem de mudança do país-empresa. Bem que eu pensava que essa fusão de países-empresas pudesse causar algum estrago. Mas não sabia que era na minha vida. Ela baixou a cabeça e procurou na bolsa muitas moedas que eu sabia que ela tinha sacado por causa desse momento. Ela começou a colocar uma moeda atrás da outra sem parar. Eu segurei a mão dela. Eu não sabia o que sentir. Não sabia o que devia fazer. Ela tirou a minha mão e continuou colocando moedas. Ela acionou o modo contínuo. Eu sabia o que vinha. Ela começou a chorar na minha frente sem parar. A sua mão tremendo para colocar mais moedas nas costas. Eu fiquei estático sem saber o que fazer. Até que comecei também a colocar moedas nas minhas costas. Primeiro, senti desespero; depois, tristeza. Mas eu não queria chorar. Então, escolhi a raiva. A vontade de destruir o mundo. Queria que o meu coração bomba H explodisse naquele exato momento. Queria que tudo acabasse. Se tivesse a morte na possibilidade de escolha dos sentimentos, na certa eu escolheria. E ela não parava de chorar. Quando eu caí em mim, sabia que as minhas lágrimas nunca mais parariam de escorrer, quando percebi que comecei a sentir o efeito colateral, uma mistura entre mágoa, tristeza e dor. Decidido, peguei todas as moedas para chorar até secar todo meu sistema hidráulico.

Então, ela mesma, pingando as últimas gotas de lágrimas, segurou a minha mão. Disse com a voz mais triste do mundo: "Não desperdice suas moedas comigo. Você vai encontrar uma outra. Melhor do que eu. Por favor, não gaste suas moedas comigo." Mas não consegui evitar. Eu enfiei uma moeda atrás da outra, e ela tentando me impedir com toda sua força. Eu chorava e perdia a força cada vez mais. Ela não largava a minha mão. Ficamos chorando por um tempo e, quando tudo acabou, nos levantamos. Apertamos as mãos e nos despedimos. Andávamos alguns metros e virávamos para nos olhar. Andávamos e virávamos. Até que tudo foi distanciando e escurecendo. Quando cheguei na minha casa-abrigo, coloquei a última moeda do bolso para procurar desesperadamente o pote em que eu tinha juntado as moedas para um dia sentir o amor. Quebrei, despedacei o pote, como meu coração partido, e coloquei todas as moedas nas minhas costas. Chorei até amanhecer. Sem parar. Quando amanheceu, tudo estava acabado. Só tinha restado o meu irrevogável pensamento, gravado no meu cartão de memória: "Nunca mais pensar em amor". Um sentimento desnecessário. Inclusive, eu pedi um ajuste para eliminar essa opção do meu menu de sentimentos.

O Garoto-Moeda anda pela sala e senta na cadeira. Pega a capa do CD e segura por um instante. Em seguida, joga-a na mesa com desdém. Aperta o botão do aparelho de CD. Toca Sour Times, de Portished. Debruça-se sobre a mesa e fica olhando fixamente para a frente. Depois de algum tempo, levanta-se de súbito.

Garoto-Moeda
Quer saber o que eu quero? Eu quero chorar. É isso. É isso que eu quero. Uma tristeza gradativa até o choro incontinente. Sem parar. É isso que eu quero. (*enfia a mão no bolso e procura moedas*) Só vinte e cinco centavos. Preciso de mais vinte e cinco pelo menos. Droga. Onde eu acho essa droga de moeda? (*fica procurando*

as moedas pela sala) O que eu faço? (*para e fica com a expressão muda*) Cofrinho. (*sai à procura e volta com um porquinho de metal. Aperta o botão e abre a barriga. Retira moedas.*) Duas moedas de dez centavos. Ainda faltam cinco.

Sai procurando pela moeda. Esbarra na mesa e uma música começa a tocar. É A Perfect Sonnet, de Bright Eyes. O Garoto-Moeda continua procurando. Tira a mesa e a cadeira do lugar. Olha para a plateia com expressão muda. Abaixa e procura como se medisse o chão centímetro por centímetro. Levanta-se e coloca a mão na cintura. Rola no chão usando o seu corpo de metal. Para e fica olhando para o teto. Vira o rosto e vê algo brilhando. A música termina. Levanta-se de súbito e encontra uma moeda.

Garoto-Moeda
(*olhando para a moeda na mão*) cinco centavos!

Tira, apressado, as outras moedas do bolso. Corre até a mesa e pega a sua caixinha de música. Coloca as moedas nas suas costas. Começa a dar corda na sua caixinha de música. Fica esperando, de joelhos, as moedas fazerem o efeito, segurando a caixinha. Toca a música da caixinha. Finalmente chora. A luz cai lentamente até o black-out. Toca Coin Operated boy, de The Dresden Dolls

Cai o pano.

Quanto vale a alma?

Não sei ao certo se já tinha essa ideia ou tive depois que uma amiga minha mostrou a música *Coin-operated boy* de The Dresden Dolls. Comecei a imaginar um garoto-robô operado por moedas que evoluiu para os sentimentos sendo operados pelo homem através de moedas. A ideia de uma distopia que tinha como obsessão o bem-estar em nome da evolução humana me assustava. A democracia com sua suposta liberdade, subtraída do juízo de valores e removida de toda e qualquer possibilidade de discernimento, me parecia o pior dos infernos. Seríamos o próprio robô ou pior que isso. Não saberíamos que somos robôs. A pasteurização, padronização e catalogação dos sentimentos me apavora. A mim parece a perda e o abandono da mais completa humanidade. Vivemos no tempo em que já é difícil raciocinar. E se não conseguirmos mais sentir? Essa peça é um alerta. O paradoxo entre vida longa e vida plena. Não se pode medir a intensidade da vida pela longevidade. O quanto de tempo você viveu não significa que você viveu de verdade. Você não precisa ir longe para comprovar que isso não é apenas ficção científica. Observe os seus gestos discretos do dia a dia que comete sem saber, quanto deles são maquinais e automáticos. Não estará você, aos poucos, se transformando em robô também? No eterno embate entre racional e emocional, muitas vezes o emocional sai perdendo. Pois não é prático. Não é pragmático e não resolve amiúde os tão importantes assuntos financeiros da vida. Mas no fim, não é tudo patético? Acordar cedo, escovar os dentes, pegar a sua mala, mochila, pasta e ir para a escola ou para o trabalho? Pegar trânsito, de carro, ônibus, metrô, até avião, para ir para onde? Aonde queremos chegar? Onde temos que chegar?

Imagine as nossas vidas se fôssemos proibidos de perguntar. Mas espere. Não é o que já está acontecendo? Quando foi a última vez que você ouviu a sua canção favorita? Quando foi a última vez que você beijou com convicção de amor e quando foi que você chorou e riu ao mesmo tempo? Há muito tempo, eu sentei diante de um relógio e comecei a ver as analogias comigo. Fiquei espantado como eu parecia com uma engenhoca cheia de engrenagens mecânicas. Ela também poderia ser temperamental caso fosse um despertador, o relógio poderia dar seus pulinhos de acordo com a sua vontade e o impulso dado. Fiquei pensando por muito tempo qual era a minha vontade. Aliás, de quem era a vontade. Minha, de alguém ou eu automatizado? Essa peça, eu escrevi com a intenção de dar impulsos para procurar a nossa humanidade perdida. Esse calor, essa vontade, esse amor que me parece tão esquecido em nossos dias. Felizmente isso ainda não está à venda. É porque é nossa prerrogativa procurar por ela. E sim, com certeza, sou diferente do relógio. Porque tenho uma alma. Que canta, dança e se alegra sem ninguém precisar dar corda e muito menos colocar nenhuma moeda. Se eu ainda sei sorrir e chorar ao mesmo tempo é porque ainda tenho uma salvação. Sou uma incógnita. Nenhum robô pode me substituir e nenhum dinheiro do mundo pode me comprar.

Nick Farewell

60 SEGUNDOS DE AMOR

PERSONAGENS

Ralph
Didio
Fabiano
Celso
Flávia
Garota1
Garota2
Garota3
Garota4
Ella

Cena 1

Um relógio gigante no fundo do palco. Um pedaço de muro do lado esquerdo.
Entra Fabiano. Logo em seguida entra a Garota1 do lado oposto. Os dois param e entreolham-se timidamente. Caminham lentamente em direção um ao outro e ficam frente a frente.

Fabiano
Er... Oi...

Garota1
Oi...

Fabiano
O que você... Acha... de... um pouco de amor?

Garota1
Hum... Acho que por mim tudo bem.

Fabiano
(*animado*) É mesmo? Então, vamos sincronizar os relógios.

Garota1
Vamos.

Os dois apertam o relógio de pulso. Começam a se beijar. Barulho de tique-taque. Um bip soa quando dá 50 segundos. Continuam o tique-taque, porém num volume mais baixo. Os dois se separam imediatamente ao ouvir o bip.

Fabiano
Eu amo você.

Garota1
Eu também te amo.

Fabiano
Eu amo muito mas muito você.

Garota 1
Eu você mais do que tudo. TUDO.

Outro bip. Mais forte do que de 50 segundos.

Fabiano
(*sem jeito, oferece a mão*) Er... Foi muito bom.

Garota 1
Também gostei.

Fabiano
Bom, vou indo.

Garota 1
Também preciso ir.

Fabiano
Então, tchau.

Garota 1
Tchau.

Os dois saem. Toca uma música e começa a projeção de vinhetas com créditos da peça.

Cena 2

Entram em cena Ralph, Celso e Didio. O relógio do fundo começa a se movimentar em contagem regressiva. Eles levam uma garrafa de whisky, que passa de mão em mão. Mas quando chega na mão do Celso, ele toma gole após gole, monopolizando. Ralph tira a garrafa da mão dele.

Ralph
(*rindo*) E hoje, quanto de "amor" nós conseguimos, seu Didio?

Didio
Meus amigos masoquistas. Nunca se cansam de serem humilhados. (*levanta o punho*) Dá uma olhada nisso.

Ralph
(*pega no pulso do Didio*) Opa. O que temos aqui? É aquele modelo novo de sincronizador?

Didio
Pois é. Sincron 2000. "Best sincronizer for lovers". Veja isso. (*aperta um botão*) "Foram 240 amores." E isso. (*aperta de novo*) "Uma média de dez amores por hora.

Celso
Grande merda. Só serve para pessoas como você, que não sabe fazer conta. (*ri*)

Didio
Tá insinuando que não sei fazer conta?

Celso
(*rindo*) Sabe sim. Faz literalmente com a cabeça de baixo.

Ralph
(*rindo*) Ei, ei, para com isso. Alem do mais, isso é um elogio, hein, Didio?

Didio
(*menciona bater na cabeça*) Só não bato nesse bêbado porque esse cara já perdeu todos os neurônios com a bebida.

Celso
Qual é? Eu ainda consigo. Espera.

Entra Garota1. Ela sente o cheiro de álcool e se afasta. Ralph e Didio dão risadas.
Didio passa a garrafa para Celso. Vai em direção à Garota1. Algum tempo depois vê os dois ajustando o relógio e se beijando.

Ralph
Bah. Ah, e o Fabiano. Cadê?

Fabiano entra.

Ralph
Ah. Não morre mais. Como foi hoje? Pegou alguma?

Fabiano
Pe... peguei uma.

Ralph
Opa. Olhaí, Celso. O Fabiano pegou uma.

Fabiano
É... Como você falou. Não conversar muito. Chegar, chegando.

Didio volta com a Garota1.

Ralph
Quem era?

Fabiano
(*olhando para a Garota1 e apontando envergonhado*) Essa.

Didio
O quê?

Os outros ficam constrangidos. A garota se solta e vai embora.

Didio
O que foi?

Celso
Essa era a garota que o Fabiano pegou hoje.

Didio
(*gargalha*) Ops. Foi mal.

Ralph
(*tentando mudar de assunto*) E o Mote Fatal Fabiano, você já escolheu?

Fabiano
Ainda não...

Celso e Didio brigam pela garrafa.

Ralph
Ei, deixa de lado esse negócio de amor. Está chegando o dia da escolha. Você precisa decidir o que vai fazer pelo resto da sua vida. Além do mais é péssimo o seu destino ser escolhido pela roleta. Concentre-se nisso.

Fabiano
Eu fico pensando. As primeiras palavras da cartilha do governo. "Amor é tudo que você precisa." Então, isso não é a coisa mais importante? Se nem isso consigo, como vou decidir sobre o que vou fazer na minha vida?

RALPH
Calma. Você vai encontrar o que você realmente gosta de fazer. E amor, eu já te disse. É só não se importar tanto com isso. É como te falei. Chega e seja objetivo. E vai tentando bastante. Não tem aquela frase também? "O amor é tentativas e erros." Está na cartilha também.

FABIANO
Valeu.

Didio e Celso voltam.

DIDIO
Ei, as bichinhas estão se amando? Vão apertar o reloginho um do outro?

Didio e Celso riem.

RALPH
Não enche. Já está ficando tarde. É melhor irmos embora.

CELSO
(*vira a garrafa*) Mesmo porque a bebida acabou.

Todos saem.

RALPH
(*para Fabiano*) Ah, você já ouviu falar de Taque-Taque? É um jogo novo. É uma mesa. Tipo metade da mesa de ping-pong. Um pouquinho menor. Tenho uma parede no lugar da rede. Você senta e joga a ficha na parede. E quando cair na mesa tem pontuações. E claro, armadilhas também, e você perde. Dizem que é bacana. Um ótimo jogo para passar a vida. Dizem que tem o melhor subsídio, já que quem inventou o jogo foi o governo. Você devia dar uma olhada.

Cena 3

Entra Ralph. Do outro lado entra Flávia. A situação se assemelha à cena 1.

Ralph
Que linda. Que tal um pouco de amor?

Flávia
(*olhando fixamente*) Eu quero.

Ralph
Sincronizando!

Começam a se beijar. Entra Didio. Entra Garota2.

Didio
E aí, gatinha. Vamos dar uma sincronizada?

Garota2
Sé... sério?

Didio
Garota, você acha que o grande Didio mente? Vamos.

Beijam-se. Entra o Celso. Entra Garota3.

Celso
(*segurando a cabeça*) Ai, minha cabeça.

Garota3
Você me chamou?

Celso
Na, não. (*notando a garota*) Mas por que não?

Garota3
Tô um pouco carente. Que tal um pouco de amor?

Celso
É pra já!

Entra Fabiano. Entra Garota4.

Fabiano
(*olhando para os amigos*) Er... . Um pouco de... .

Garota4
O quê?

Fabiano
Um pouco... de... . (*agarra a garota*)

Garota4
Ei... (*se afasta e olha para ele, mas aperta o relógio*)

Música. Bip e declaração de amor. As garotas saem. Ralph coloca a mão na boca, visivelmente atordoado.

Didio
(*batendo nas costas do Ralph*) E aí, Ralph. (*olhando para Flávia*) Que gatinha, hein? Cansou das barangas que costuma pegar? (*Ralph continua hipnotizado*) Ei, o que foi? (*passa a mão na frente dos olhos*) Xi, isso aí eu conheço. É o início do sintoma de apaixonite. Tá louco, Ralph?

Ralph
(*voltando a si*) Tá louco, Didio. Vai encher o saco do outro. Eu com apaixonite. Sai pra lá! (*empurra o Didio*)

Celso e Fabiano se juntam. Didio ainda olha estranho para Ralph. Ralph vai até o muro e se senta. Logo, outros se juntam ao muro. Ralph puxa um cigarro de maconha. Celso puxa uma garrafa de whisky do casaco. Ralph começa a fumar e passa para Didio. Assim sucessivamente. Menos Fabiano que, ao perceber que Celso bebe, devolve o fumo para Ralph.

Posição no muro:
Ralph, Didio, Fabiano, Celso. Da esquerda para a direita.

Na segunda rodada, Celso se levanta e começa a perseguir o que seria uma borboleta imaginária.

Celso
Olha uma borboleta! Em pleno inverno!

Ralph
(*dando tragada*) Ela era bem bonita, não?

Didio
Ralph, você tá louco? Já te falei. Isso aí é apaixonite.

Ralph
Ei, ei, eu só falei que ela era bonita.

Didio
Eu te conheço, meu irmão. Você é pegador que nem eu. Bonitinha que nem essaí tem de monte.

Ralph
Eu sei, eu sei. Mas o beijo dela...

Celso volta e olha para o Ralph.

Celso
Beijos dela? Que coisa de bichinha? (*volta a perseguir a borboleta*) Isso aí é apaixonite. É bichice. Sai de perto, Didio. Daqui a pouco ele vai querer te beijar. (*ri*)

Ralph levanta e tenta correr atrás do Celso. Didio segura.

Didio
Tô falando sério. Você sabe o que acontece com as pessoas que pegam apaixonite. O governo cancela todos os benefícios. Vou

explicar. "Todos os benefícios". É por isso que inventaram "60 segundos de amor", para eliminar todo e qualquer tipo de carência ou falta de afeto. Somos todos felizes, não somos? Olha, tenho você como meu irmão. Não cai nessa. O que pretende fazer? Viver de amor?

Ralph
(*pensativo*) Você tem razão. (*pausa*) Devíamos estar discutindo sobre algo mais importante. Como Mote Fatal. Onde estou com a cabeça...

Fabiano
É. Passa isso aí. (*levanta e tira o cigarro da mão do Ralph*)
De repente. O Celso fica imóvel inclinando o tronco e fica de olhar fixo em algo.

Didio
(*tentando mudar de assunto*) Olha lá (*aponta para o Celso*) Ô lá! O Celso tá querendo dar a bunda. Olha que cú de bêbado não tem dono, hein?

Todos riem.

Celso
(*levando o dedo na boca*) Chi! A borboleta pousou na roda.

Fabiano gira o dedo na orelha fazendo sinal de que Celso está louco.

Celso
(*aponta para a roda imaginária*) No fundo, no fundo, o amor não é isso? Uma borboleta em cima de uma roda? Quando a roda girar, a borboleta vai ser esmagada. Mas a borboleta pode sair voando antes de ser esmagada. O amor é isso. Esse instante ambíguo entre ser esmagado e sair voando. O amor é uma borboleta em cima de uma roda!

Todos ficam em silêncio. Celso sai correndo atrás da borboleta.
Toca Butterfly on a wheel

Cena 4

A música continua. Todos os personagens entram em cena desordenados, percorrendo uma trajetória irregular, de acordo com seus estados psicológicos.
Fabiano tenta ficar com algumas garotas, não consegue, e se senta na mureta.
Ralph fica com uma garota depois procura por Flávia.
Celso fica observando as pessoas encostado na parede. Logo começa a beber e fica perturbando as pessoas.
Didio beija quase todas as garotas. Menos Flávia, que parece procurar por Ralph. Ralph e Flávia se encontram no primeiro plano (na frente de todos). A música termina. Eles ficam olhando um para o outro.

Ralph
Como você se chama.

Flávia
Flávia.

Ralph
Meu nome é Ralph.

Black Out.

Cena 5

Mesa de poker. Didio, Celso e Fabiano entram. Todos e se cumprimentam e se sentam. Forram a mesa com um pano verde e separam as fichas.

Fabiano
Cadê o Ralph?

Didio
(*zombando*) Ralph?

Celso
Cadê a bebida?

Didio
Tá na sua mão, loque.

Celso
Ah... .

Silêncio. Celso dá goles grandes.

Didio
Estou preocupado (*olhar fixo no Celso*).

Celso
Ah, não precisa se preocupar comigo. Eu tô bem. Só dói de vez em quando aqui ó (*aponta para o fígado*). Mas tô bem. (*quase cai da cadeira*)

Didio
Não tô falando de você, bêbado.

Fabiano
Mas você acha que é grave?

Didio
Você não viu como o Ralph olhou para aquela garota? Onde você acha que o cara está agora? Em cinco anos de jogatina, ele nunca atrasou. Pelo contrário, foi sempre o primeiro a chegar.

Silêncio.

Fabiano
Mas... Se é doença, não tem cura?

Dídio
Escuta aqui. Se fosse uma gripe, o governo se daria ao trabalho de criar quarentena para quem pega apaixonite? Mas que merda. Por que essa necessidade de ter alguém do lado? 60 segundos de amor não são suficientes?

Silêncio. Ralph entra.

Ralph
Desculpe o atraso. (*senta*)

Silêncio.

Ralph
O que aconteceu aqui? Morreu alguém?

Dídio
Dá as cartas, Ralph.

Ralph
Tá bom.

Dídio
Ô Celso. Você tá mostrando as cartas.

Celso
Ah, foi mal.

Ralph
(*sorridente*) E aí, Fabiano. Já escolheu o Mote Fatal?

Fabiano
A... Ainda não.

Dídio parece se irritar.

Ralph
É melhor se apressar. Até agora só tenho te dado conselhos. Mas vou começar a pegar no teu pé.

Didio
(*mais irritado ainda*) Viemos aqui para jogar ou dar uma de bonzão?

Ralph
O que deu nele?

Didio
Eu aposto 50. Celso? Celso! Fabiano?

Celso deita as cartas na mesa.

Fabiano
Tô fora. (*joga as cartas na mesa*)

Ralph
Eu pago os seus 50 e coloco mais 100.

Didio
(*irratado*) Ah é? Você acha que pode comigo?

Ralph
Sempre pude.

Didio
Pago pra ver.

Ralph
Tenho quatro àses.

Didio
Droga.

Outra rodada.

Didio
Não dá carta pro Celso, não.

Fabiano
Tô fora de novo. Que azar.

Didio
É isso ai, Fabiano. Mais tempo pra você. Fica aí pensando no Mote Fatal.

Ralph
Ei, pega leve com o cara.

Didio
Dá as cartas.

Didio pega as cartas e sorri.

Fabiano
Tive uma ideia. Por que todos não escolhemos o poker como Mote Fatal? Assim não precisaríamos nos separar.

Didio
Você é burro ou o quê? Mote Fatal é pessoal. Individual e não transferível. Pega a cartilha aí. "A escolha do Mote Fatal marca a entrada para a idade adulta." Portanto, a escolha deve ser conscienciosa e extremamente criteriosa. Uma vez que será definitivo. Definitivo, entendeu?

Fabiano baixa a cabeça.

Ralph
Ei, falei...

Didio
(*aponta o dedo para Ralph*) E você, dá as cartas.

Ralph
(*olha para Didio por um tempo*) Aposto trinta.

Dídio

(*sarcástico*) O cara acha que pode ter sorte no amor e no jogo também.

Ralph

Você tá querendo me dizer alguma coisa?

Dídio

Tô. Tô. Sim. Você com esse ar sempre superior. Você acha que ninguém sabe que você está com apaixonite? Já olhou no espelho? Esses olhos de peixe morto. (*riso sarcástico*) O Ralph que eu conhecia tinha olho de lutador. De animal selvagem. Pronto para morder a jugular dos trouxas. Você lembra o dia em que me contou o seu Mote Fatal? "Dídio. Quero derrubar as paredes. Aquelas de concreto. Quero derrubar paredes pelo resto da minha vida. Quero ser o maior derrubador de paredes do mundo." E agora, o que sobrou? É você quem foi derrubado, meu chapa. Está caidão por essa garota. Está no chão.

Ralph

E se eu estiver? A escolha é minha, não é? O que você tem a ver com a minha vida? Se vou morrer na sarjeta o problema é meu. Não enche.

Celso

É. Eu já caí muito na sarjeta.

Uns riem e outros ficam incrédulos.

Dídio

(*soltando o ar*) Estou falando isso para o seu próprio bem. Esquece essa garota. 60 segundos de amor. Você pode ter o amor que você quiser. Esquece essa garota.

Ralph

E se eu disser que esse amor pode durar mais do que 60 segundos? Se disser que pode durar tanto quanto a própria eternidade?

Didio
(*fala para Fabiano*) Tá vendo? Esse é um dos sintomas de quem tem apaixonite. Insanidade. Ô Ralph. Acorda. Como é que o amor pode durar para sempre?

Ralph fica encarando Didio. Celso dorme na mesa. Fabiano não sabe o que fazer.

Didio
Quer saber? Cansei. Vou embora.

Didio sai chutando a cadeira.
Silêncio.

Fabiano
(*empilhando fichas destraído*) É verdade que você está com apaixonite?

Ralph
É bem provável.

Fabiano
O que pretende fazer?

Ralph
Nada.

Fabiano
Nada? Você vai para o campo de quarentena. Vai se alimentar de resto. A sua vida vai ser miserável.

Ralph
Fabiano... A nossa vida já não é bastante miserável? Aceitar a vida como sendo um mero passatempo? Ter que escolher um mote miserável para ocupar o tempo até morrer? Isso é vida? Acredita realmente que isso é vida?

FABIANO
(*assombrado*) Nunca... . nunca pensei que você diria uma coisa dessas... Essa doença... (*pausa*) Quer saber por que não consegui escolher ainda o Mote Fatal? Porque não consigo aceitar que a vida seja um mero passatempo. Este é o único sentido da vida? Deixar o tempo passar até morrer? Não poderia haver um outro sentido?

RALPH
Eles acharam que seríamos felizes assim. Ter amor em abundância e poder passar o tempo em paz sem se preocupar com nada.

FABIANO
Mas não somos.

RALPH
Talvez seja humano isso, Fabiano. Nós nunca seremos felizes.

FABIANO
O que pretende fazer agora?

RALPH
Ser feliz. Ser feliz. (*levanta e sai*)

FABIANO
O que faremos agora?

CELSO
Beber. Ser feliz. (*sai cambaleando*)

FABIANO
O que faremos agora?

Cena 6

Didio caminha puto. Fabiano continua sentado na cadeira cabisbaixo. Ralph conversa com Flávia. Ralph se despede com dificuldade de Flávia. Didio, Celso e Ralph andam sem direção. Fabiano se levanta e começa a andar também. Todos estão baqueados por motivos diferentes. Encontram-se todos no muro.

Didio
Como relógio. Sempre voltamos para o mesmo lugar.

Ralph
E adianta brigar? Faltando tão pouco para o Dia Fatal?

Didio
(*irônico*) Pois é. Para alguns vai ser literalmente fatal.

Fabiano
Ei, quer parar?

Didio
Tá bom.

Silêncio.

Fabiano
Estou pensando em escolher "Taque-Taque".

Didio
(*animando subitamente*) Opa. Aquele jogo? Dizem que é duca.

Fabiano
É. Passei na Game House e dei uma olhada. Joguei inclusive. É viciante. Será um bom passatempo.

Didio
(*bate nas costas do Fabiano*) Aí, garoto. É uma grande escolha. Se eu não tivesse escolhido desde criança (*fala alto olhando para Ralph*) pilotar o grand-pássaro, teria escolhido esse.

Fabiano
Mas uma coisa me preocupa.

Didio
Não tem que se preocupar. Vai dar tudo certo.

Fabiano
Estou falando do Celso. Ele não escolheu. Nem sei se pode.

Didio
Não se preocupe. Ele não escolheu o mote, mas o mote escolheu ele. O governo dá altos subsídios para quem bebe. Desde que não arrume encrenca. Vai ter dez anos de boa vida.

Fabiano
Por que só dez anos?

Didio
É o tempo médio de um alcoólatra.

Silêncio.

Didio
Só nos resta aproveitar essas poucas semanas que nos faltam. Prometo pensar em vocês lá do alto.

Celso
Pra quê? Eu estou sempre alto.

Didio
Ei, que tal um pouco de amor para celebrar? Vamos?

Celso
Vamos.

Fabiano
Você aguenta?

Ralph
Aguento.

Cena 7

Eles formam um círculo onde as garotas os beijam. Depois elas rodam em sentido horário beijando os outros como se fosse uma ciranda. Depois dos beijos, as garotas saem.

Didio
É assim que eu gosto. Quero mais.

Fabiano
Já chega.

Didio
Ralph. Vamos aí. Como nos velhos tempos.

Ralph
Não. Vou indo.

Didio
É... Celso, vamos?

Celso
(*com mão na boca*) Não tô legal. Vou pra casa.

Didio
Bando de frouxos. Vai. Vou arrumar mais algumas.

Todos saem, exceto Didio. Uma garota passa. Dá de cara com Didio.

Didio
(*confiante*) Você quer?

Ela passa reto e vai embora.

Didio
(*correndo atrás*) Ei, ei, tá com pressa?

Ella
Não. Não gostei de você.

Didio
(*rindo*) Ora, ora, ora, o que é isso?!

Ella
Alguém que não vai com a sua cara.

Didio
Como assim? Ninguém nunca me disse isso antes.

Ella
Sempre tem uma primeira vez, honey. Agora estou com pressa. Me deixa ir.

Didio
Como alguém pode resistir a mim?

Ella
(*imitando a voz do Didio*) "Como alguém pode resistir a mim?" Se liga, cara. Não se enxerga?

Didio
Você não pode fazer isso.

Ella
O quê? Te esnobar? Posso sim.

DIDIO
Posso te denunciar.

ELLA
Ah, se manca. Faz isso. Aí vou contar para os seus amiguinhos. De quanto homem você é. Até parece que não conhece o jogo.

DIDIO
Mas... .

ELLA
Mas o quê. Só conheceu até agora patotinhas, né? Aquelas que até levantam a perninha quando beijam. (*ri*) Sai fora. Vá procurar sua turma. Não fica perdendo seu tempo comigo. Vai.

DIDIO
Você é louca, não é?

ELLA
Loucas, honey, são aquelas que dizem que te amam.

Ella se afasta.

DIDIO
Como... Como você se chama?

Ella volta.

ELLA
(*soletrando*) R-e-j-e-i-ç-ã-o. Rejeição. Vai ter que dormir com essa. Bip! Tempo esgotado. Adeus.

Didio fica parado atônito. Sai olhando para trás algumas vezes

Cena 8

Ralph e Flávia.

RALPH
Está anoitecendo. O tempo passa rápido quando estou com você.

FLÁVIA
Como se fossem apenas 60 segundos.

RALPH
É. Isso mesmo. (*pausa*) O que será isso?

FLÁVIA
(*baixa a cabeça*) Uma doença...

RALPH
Ei, para com isso. Como pode ser uma doença se é tão bom?

FLÁVIA
Dizem que isso dura pouco. Depois todos ficam infelizes. É por isso...

RALPH
Já sei. Por isso inventaram 60 segundos de amor. Para que ninguém sofra. O que sentimos, parece que vai acabar um dia?

FLÁVIA
Não...

RALPH
Quer se separar?

FLÁVIA
(*Pensativa*) Não. (*pausa*) O dia do mote está chegando. O que faremos?

Ralph
Isso pode acabar um dia, certo? Pode acabar antes do grande dia, não é?

Flávia
É possível.

Ralph
Já temos um mote por opção, não é?

Flávia
Sim, temos.

Ralph
Bom, se acabar, seguiremos o nosso rumo.

Flávia
E se não acabar? Pior, se só um de nós se curar?

Ralph
Sofreremos. Mas tentaremos seguir em frente. Quer dizer, vou tentar seguir em frente.

Flávia
(*soluçando*) Acho que não vai acabar.

Ralph
Assim também sofreremos. Mas podemos ter um ao outro.

Flávia
Estou com medo. Me abraça?

Ralph abraça Flávia.

Cena 9

Didio entra puto. Fabiano está de costas.

Didio
Fabiano. Você não vai acreditar no que aconteceu. Teve uma vadia que me esnobou.

Ouve-se um bip. Fabiano estava beijando uma garota.

Didio
Desculpe.

Eles começam uma declaração de amor, mas Didio se espanta porque a garota é Ella.

Didio
Esperaí, é você?

Ella
Ah, olha o mala.

Didio empurra o Fabiano.

Fabiano
Ei!

Didio
Não acredito. Você sabe quem acabou de beijar? É o cara que não beija nem sapo.

Ella
Ele não beija porque não quer. É uma gracinha. *(pega na bochecha do Fabiano)*

Didio
Eu tinha que saber. É uma louca mesmo.

Fabiano
Para uma louca, ela beija muito bem.

Didio
Eu não acredito. Não acredito.

Ella
Acredite, honey. Você não está com nada.

Didio
Espera. Se você beijou até o Fabiano, pode me beijar também. Aliás, tem que me beijar. (*segura no braço dela*)

Ella
Ei, você está desesperado, hein? Quanto tempo você não beija ninguém? Me solta.

Fabiano
Ei, solta a garota.

Didio
E você, não se mete nisso.

Ella
Aiaiai. Tá doendo. Me solta.

Didio solta com remorso.

Ella
(*começa a rir*) Caiu nessa. Tchau, garotos.

Ella sai correndo.

Didio
(*pegando Fabiano pelo colarinho*) Por que, por que ela não quis me beijar?

Cena 10

Ralph e Flávia.

RALPH
Mas por que você não quer me beijar?

FLÁVIA
Não sei. Talvez tenha acabado. Talvez eu esteja com medo.

RALPH
Como vai saber?

FLÁVIA
Não sei.

RALPH
E agora?

FLÁVIA
Eu não sei. (*quase chora*)

RALPH
Eu ainda quero ficar com você.

FLÁVIA
E se eu desistir na última hora?

RALPH
Eu disse que vou seguir em frente. Quer desistir?

FLÁVIA
Eu já disse que não sei.

RALPH
Ok. Faremos o seguinte. Daqui a uma semana é o Dia do Mote. Nós nos encontraremos aqui (*olha para o relógio*) às 6 horas.

Antes do último horário de alistamento. Apareça. Se você ainda quiser ficar comigo.

FLÁVIA
(*soluça*) Por que tem que ser assim? Está vendo? Eles têm razão. Nós estamos sofrendo. Isso não passa de uma maldita doença. Mas por que, por que não consigo suportar a ideia de ficar longe de você?

RALPH
Talvez seja amor.

FLÁVIA
O quê?

RALPH
Amor de verdade.

Silêncio.

FLÁVIA
Eu vou embora.

RALPH
Sim...

Flávia dá as costas.

RALPH
Flávia. Já que pode ser despedida, posso pedir uma coisa?

FLÁVIA
O quê?

RALPH
(*sorrindo triste*) Um pouco de amor.

FLÁVIA
(*quase chora*) Sim. (*tenta apertar o relógio*)

RALPH
Creio que não precisamos mais disto.

FLÁVIA
Sim.

Eles se beijam. Aos poucos dizem um "eu amo você" quase inaudível.

CENA 11

Didio está beijando uma garota.

GAROTA
Eu amo você.

DIDIO
Eu também amo você.

GAROTA
Amo você.

DIDIO
Eu amo muito você. Não, não é a mesma coisa.

GAROTA
O quê? O que está falando?

DIDIO
Nada. Já acabamos. Não acabamos?

GAROTA
Grosso.

Algum tempo depois entra Celso.

Celso
(*oferece a garrafa*) Quer um pouco, Didio?

Didio
Sai. Não quero.

Celso
O que foi? Você parece tenso.

Didio
Não enche.

Entra Ella.

Didio
É ela!

Ella, percebendo o Didio, começa a fugir.

Didio
Ei, não vai embora! Quero falar com você!

Ella
Eu sei que você quer. Mas já disse que não estou a fim.

Didio
Mas por quê? Por quê?

Ella
Porque não estou a fim.

Didio
Eu sou um cara legal. É só um beijo. Prometo te deixar em paz.

Ella
Até pode ser. Mas não quero.

Ella foge. Encontra Celso pela frente. Ela o segura, aperta o relógio dele e beija.

Didio
(*em desespero*) Por que você fez isso?

Ella
(*atormentada*) Não sei. Eu não sei.

Sai correndo.

Didio
(*em desespero*) Por que você fez isso?

Celso fica sem saber nem o que aconteceu.

Cena 12

Os quatro em pé. Executam movimentos de acordo com seus estados físicos e mentais. Há muita semelhança entre seus gestos.
O relógio marca apenas dez minutos restantes. Soa um bip.
Todos saem. Só Didio permance no palco. Está com uma garrafa na mão e anda cambaleando.

Didio
(*ri*) Didio, você está parecendo o Celso. (*ri e toma mais um gole e cospe*) Cacete. Isso tá parecendo mais amargo do que de costume.

Senta no chão e leva a mão à cabeça. Silêncio.

Didio
(*soluçando*) Mas por quê Por quê?

Ella entra e avista o Didio ao longe. Tenta ir embora. Didio vira o rosto e vê a garota.

DIDIO
Na... Não vai embora.

ELLA
(*longe*) é melhor eu ir.

DIDIO
(*levanta-se de súbito*) Eu... .

Aproxima-se da garota. Ella cruza os braços e está visivelmente com medo.

ELLA
Fica longe de mim.

DIDIO
O que foi? Tem nojo de mim? O que foi? O grande Didio não te agrada? Por quê?

ELLA
Na... não é isso.

DIDIO
(*levanta um pouco tom de voz*) Então, o que é?

ELLA
É melhor eu ir.

DIDIO
(*se aproxima rápido e segura o braço da garota*) Você não vai embora antes de me responder.

ELLA
Me solta. Está me machucando.

DIDIO
Então, me diz o porquê!

ELLA
(*quase em prantos*) Me solta!!!

Didio solta a garota. Ella está muito assustada.

DIDIO
Eu não quis fazer isso. Não quis. (*se ajoelha*) Eu só quero saber por que você não me ama. Não, não precisa me beijar. Só me diz. Diga: "Eu amo você". Diga, diga, por favor.

Ella está assustada demais para dizer qualquer coisa.

ELLA
Eu quero ir... .

DIDIO
Vai, vai. (*Ella se vira*) Não, não vai.

ELLA
Eu vou... (*sai correndo*)

Didio deita-se no chão lançando a mão na direção da garota.

DIDIO
(*soluçando*) Por que, por que não me ama? Por quê?

Cena 13

Aparece todo o elenco em cena com um papel na mão. Alguns estão preenchendo. Fabiano e Celso entram.

Celso
Dizem que os bêbados enxergam mais pessoas. Mas tô enxergando menos.

Fabiano
Como assim?

Celso
Eu não estou vendo o Didio, nem o Ralph.

Fabiano
Ralph disse que talvez ele chegue.

Celso
Como assim, talvez?

Fabiano
Também não entendi direito.

Celso
Parece conversa de bêbado...

Fabiano
Olha lá o Didio.

Didio entra visivelmente abatido.

Fabiano
Grande Didio. Tive uma ideia ontem à noite, sabia? Quando você estiver no céu, que tal escrever nossos nomes do céu? Se não der, só o meu. Hehe.

Didio
Você tá animado, por quê?

Fabiano
Tem outro jeito? Resolvi não encanar. Afinal, a vida não passa de um mero passatempo. É ou não é?

Didio
É isso mesmo.

Fabiano
Então, você escreve?

Didio
Não vou mais pilotar.

Fabiano
O quê? Era seu sonho desde criança.

Didio
Mudei de ideia. Percebi que isso aí é puro exibicionismo. (*disfarçando a tristeza*) Vou para as minas. Lá nas profundezas. Abrir caminhos nos lugares inexplorados. Isso sim é coisa de macho.

Fabiano
Mas Didio... Minas... Você só pode voltar para a superfície uma vez por semana. Alem do mais, a perspectiva de vida...

Didio
Ei, ei, ei. Não falei que é coisa pra macho? Afinal, quem quer viver para sempre? (*arrisca um passo de dança num tom de zombaria*) Afinal, a vida é um passatempo. Vamos. Se nos alistarmos agora, já poderemos estar nos postos logo mais.

Celso
E o Ralph?

Dídio
Eu sabia.

Fabiano
Ele disse que talvez viesse.

Dídio
Talvez?

Fabiano
É... .

Dídio
Eu entendo. Mas acho que é melhor irmos. Ele sabe se virar.

Fabiano
Acho que sim.

Celso derruba um pouco de bebida no chão.

Dídio
O que está fazendo?

Celso
Estou desejando sorte pro Ralph.

Dídio
Me dá essa garrafa. (*despeja um pouco da bebida no chão*)
Fabiano olha para trás enquanto Celso anda saltitante. Dídio anda cabisbaixo.

Cena 14

Celso carrega muitas garrafas na mão e na blusa. Está sorridente e cantarolando.

Didio aparece abrindo caminhos com uma picareta. Bate em alguma coisa. Continua batendo. Mas ela parece não ceder. Faz todos os esforços possíveis, mas não adianta. Senta no chão. Bate com as mãos. Continua batendo com as mãos. Soluça. Começa a chorar. Barulho de tique-taque. Ralph está esperando Flávia. Ela não aparece. Resignado, resolve ir embora. Vira algumas vezes para olhar. Mas nada de Flávia. Está prestes a sair do palco.

FLÁVIA
Ralph!

RALPH
(*vira-se*) Você veio. (*alegre e triste ao mesmo tempo*) Isso significa...

FLÁVIA
Sim. Estamos doentes.

Os dois se abraçam e choram. Com um misto de alegria e tristeza os dois tateiam com as mãos nos rostos um do outro.

FLÁVIA
O mundo é tão injusto...

RALPH
O mundo nunca será justo.

Fabiano sentado em frente à mesa de Taque-Taque. Fica jogando a ficha na parede. Só se ouve o barulho de ficha batendo na mesa. O relógio do fundo completa uma volta.

Cai o pano.

O amor é para sempre.

Essa peça foi escrita por encomenda. Encomenda de alma e não monetária. Foi escrita para os meus amigos do Teatro da Curva e queria que os nomes dos personagens fossem nomes verdadeiros de cada um dos integrantes. A ideia foi mal recebida porque acharam que ia confundir o ator com o personagem, e isso poderia causar desconforto e atrapalhar a concentração. Discordei com vigor, porque a própria peça foi escrita para que servisse de amálgama. Tinha a certeza de que uma outra dimensão de representação surgiria quando o ator e o personagem de mesmo nome se misturassem. A minha ideia de catarse era dupla. Quando o choque de realidade e ficção se desse no palco, o pano de fundo que preparei cuidadosamente para cada personagem se fundiria na primeira mistura de interação do personagem com o texto, e secundariamente, o personagem com o ator, e que essa grande mistura pudesse atingir o inconsciente da vida dos atores, consequentemente transformando a peça em grande catarse. Em seguida, essa mistura que se constituiria em uma massa uniforme agora, atingiria a plateia. Quando escrevi essa peça, eu estava procurando o sentido da existência amparada na existência dos outros. Eu queria ver a força da amizade questionando a existência pessoal, a solidão e a dúvida existencial diante da força coletiva. O objetivo era a confirmação de si mesmo através do outro. Queria testar se essa amálgama faria surgir alguma resposta inconsciente. Teste, não no sentido de experimento, e sim, um desafio, uma busca pela resposta. E teste, acima de tudo, porque eu não sabia o que ia acontecer.

60 segundos de amor é propositalmente seca, dura e muitas vezes monossilábica. O que está em jogo é o inconsciente dos

personagens. Inconsciente este que serve de prisão e ao mesmo de chaves catárticas para o espectador, e que ao adotar os nomes dos atores, queria que também fosse para os que atuam. E o amor? O amor é o que nos torna sábios apesar de todo inconsciente. O amor nos torna iguais, remove todas as dúvidas e nos faz acreditar apesar de todas as nossas fraquezas. O amor é o verdadeiro Mote Fatal e a justificativa para tudo e todos. Não há compreensões ou realizações que se iguale ao amor. Mas não seja como nossos heróis trágicos. Enquanto existe e pode utilizar-se do livre-arbítrio, use-o para conciliar a vida e o amor. Regue o duro cotidiano com a límpida água corrente do amor. Deixe florescer a verdadeira existência. E tire da sua cabeça que o amor tem uma duração limitada. Tampouco existe intensidade, quantidade. Apenas ame. Todo amor dura para sempre. Se existe um segredo que eu conheço é que mesmo que o seu corpo se desfaça, o amor faz o homem conquistar a imortalidade. Mesmo que a sua vida dure apenas e exatos 60 segundos, se amou ou ama de verdade, você vai viver para sempre.

Nick Farewell

ROMANCES IMPOSSÍVEIS

Reversíveis

1. Fugindo da festa

Sento no canteiro do jardim, o mais longe e isolado possível do salão de festas. Numa mão uma garrafa de champagne pela metade que peguei com o garçom, na outra mão, uma taça.
— Bebendo escondido? — Alguém fala comigo. Eu não a conheço.
— Agora não mais. Você me descobriu.
— É bom beber escondido. Não precisa dividir com os outros. Sobra mais.
— ... Quer dizer que no fundo os solitários são egoístas.
— Diria que são tão egoístas, egoístas, que não querem dividir nem a si mesmos com si próprios.
— É uma boa definição de solidão.
— É definição de miséria.
— ... Você... eu... Acho que bebi demais. Estou tendo diálogos imaginários.
— Ou pode ser que eu esteja bêbada demais. Talvez você seja a minha imaginação.
— Pode ser...
— Me dá um pouco?
— Só trouxe uma taça.
— Você ainda não está livre o suficiente.
— O quê?
— É. Ainda se mantém preso às convenções sociais. Não precisa de taça pra beber isso.
Ela pega a garrafa e toma um gole grande no gargalo. Pego a garrafa de volta e também tomo um gole no gargalo.
— Hum... Pensei em algo...
— O quê?
— Não sei se pode ser pronunciado...
— É algo realmente sério?
— Acho que é.

— Então, diga. Bota a culpa na bebida.

— Ok. Lá vai. Será que a gente pode dividir, assim como essa bebida, a nossa solidão? Quer dizer, a miséria?

— O que você acha?

— Er... Por um momento achei que fosse possível... Que encontro surreal...

— Você precisa se livrar dessa taça.

— Sei. Convenções sociais.

— Não. Precisa de uma mão livre pelo menos, para poder me abraçar.

— Fala sério?

— O que acha? Acha que estou assim tão bêbada?

— ...

Em seguida, ouve-se o barulho de uma taça se partindo no chão.

2. Metrô

Vagão de metrô. Sento ao lado da garota que está lendo um livro. *Cem Anos de Solidão*. De repente fico melancólico.
— A maior solidão deve ser andar de metrô.
— Você disse alguma coisa?
— Desculpe, pensei alto. Por causa do livro.
— Ah, sim. *Cem anos de Solidão*.
— É o melhor livro narrativo que já li na minha vida.
— Você já leu? Estou gostando muito. É muito bom. Mas você disse que a maior solidão é andar de metrô? Por quê?
— Porque você está entre um monte de gente, mas ninguém conversa com ninguém. Isso é a grande metáfora da solidão na multidão. Ainda mais porque todos ficam confinados num espaço relativamente pequeno. E ninguém conversa com ninguém.
— A gente está conversando.
— Sei não. Diálogos de verdade são difíceis hoje em dia. Por exemplo, eu não sei nada de você. Exceto que está lendo um livro que eu já li.
— É... Mas será que pode existir uma conexão afetiva através de livros? Ou das coisas. Você leu o livro que fez com que você sentisse alguma coisa. Eu leio o mesmo livro e sinto a mesma coisa também. Logo teremos algum tipo de ligação afetiva entre nós mesmos?
Eu abro um sorriso discreto.
— E se neste banco, onde estamos sentados agora, estivesse sentado um casal de namorados que se amam de verdade? — eu reformulo.
Ela por um momento fica pensativa. Em seguida, lança a sua mão para segurar a barra ao lado. Fecha os olhos.
— O que está fazendo?
— Tentando sentir algo aqui. Possivelmente algum sentimento que alguém deixou quando segurou aqui. Acho que sinto

alguma coisa. Ou eu estou ficando louca ou estou virando uma espécie de medium de objetos. Hahahahahaha.
— É sensibilidade às avessas.
— Como assim?
— Ao invés de sentir de verdade nas pessoas, tem que recorrer aos objetos.
— Tem razão.
— Posso pedir uma coisa?
— O quê?
— Posso tocar no seu rosto?
— Contatos de verdade?
— É...
— Pode. Mas espera o trem entrar no túnel.
— Por quê?
— Acho que a escuridão vai favorecer ainda mais o toque. Mais sensibilidade. Contato de verdade.
— Entendo.

O trem entra no túnel e a garota por um instante deixa o seu livro repousar no banco.

3. Cinema

Estou na fila do cinema. E a fila não anda. A garota da frente também está aborrecida.

— Essa fila não anda, não? Cinemanés são fogo.

Ela sorri.

— Cinemané? Essa é boa.

— Pois é. Esses filmes cabeça sempre atraem esse tipo de gente.

— Ora, você também está na fila.

— Ah, mas eu venho por um outro motivo.

— Qual?

— É vital para mim. Se eu não vejo, sou capaz de morrer.

— Vai. Não exagera.

— É sim. Vou te mostrar.

Eu prendo a respiração até ficar roxo. A garota fica impressionada sem saber se fica apreensiva ou me acha completamente louco.

— É assim que vou me sentir se perder este filme.

— Você é muito espontâneo, né?

— Acho que não. A vida é que é.

— ... Suponho que você já viu este filme.

— Sim. Umas cinco vezes.

— Por que continua assistindo? Já sei, para não morrer.

— Posso viajar um pouco?

— Claro.

— É como demonstrei. Acho que tem umas bolhas de oxigênio nas emendas de películas. Entre um fotograma e outro. Ah, melhor. Sabe, aqueles buraquinhos? Acho que tem oxigênio guardado lá. Deve ser por isso que me sinto respirar completamente aliviado quando assisto ao filme. No entanto, o estranho paradoxo deste filme é que ele na verdade me deixa sem fôlego.

— Nesse caso, só para garantir, você deveria sentar do meu lado.

— Por quê?

— Sou médica.

— É verdade?

— É. Mais uma pergunta. Por que chama "Beijos Proibidos?"

— Porque nesse filme ninguém ama ninguém. Aliás, as pessoas têm ideias equivocadas sobre o amor.

— Sei... Agora eu posso viajar um pouquinho?

— Claro.

— Esse filme. O título é "Beijos Proibidos", certo? Você disse que esse filme salva você. Como uma espécie de balão de oxigênio. Eu, como médica, me ocorreu uma coisa. Você já reparou na respiração boca-a-boca? De certa forma, é um tipo de beijo, não? E ele salva. É um beijo que salva.

— Perfeito...

4. Supermercado

Ando pelo supermercado empurrando o carrinho. Sempre gostei de empurrar o carrinho de supermercado. Desde criança. Até dou uns impulsos com os pés para ganhar velocidade nos corredores vazios. Agora, o que eu mais gosto é fazer a curva. Jogo um pouco de peso para o lado oposto do sentido da curva e deixo o carrinho deslizar. É uma maravilha. Mas, quando viro o próximo corredor, o meu carrinho bate no carrinho que estava vindo na outra direção. Para piorar a situação, caem algumas compras do carrinho.

— Putz, me desculpe! Deixa ajudar a recolher.
— Você é louco? Fez a curva muito rápido.
— É... Desculpe. Eu me empolgo um pouquinho quando piloto, quer dizer, dirijo, quer dizer, empurro carrinho de supermercado.

Ela também começa a recolher as compras do chão. As minhas compras também caíram no chão.

— Espera aí. Esses Doritos são seus ou meus?
— Er... Essa Castanhas de Caju são suas ou minhas?

Sorrimos.

— Você gosta também de Kani?
— Eu adoro. Pelo visto você também, né?
— Ah, sim. Também uso essa marca de alvejante. Mesmos chocolates...

Desta vez damos gargalhadas.

— Isso significa que você é a minha alma gêmea? Pelo menos das compras? — Falei e rimos de novo.
— Você não é gay, não, né?
— Só se você for lésbica.

Rimos de novo.

— O que eu deveria dizer agora? Eu nunca vi você pelas redondezas? Vizinhanças? Neste supermercado? Ou nestes corredores?
— Eu acabei de me mudar.

— Ah é?
— Onde está morando?
— Na alameda Jaú.
— Você está brincando. Eu moro na Jaú. Só falta você me dizer que é minha nova vizinha.

Rimos juntos.

— Eu moro no número 375.
— Ufa. Eu moro no 550. Mas mesmo assim, é muita coincidência. Moramos a uma quadra de distância. Somos vizinhos.
— É.

Continuo recolhendo as compras do chão.

— Ah, não acredito. Você comprou "Casablanca". Estava na oferta lá na entrada.
— É. Eu adoro esse filme.
— Eu também.

Terminamos de recolher as compras.

— Bom, pronto. Eu... estava pensando. Já que temos os mesmos gostos, e vamos comprar praticamente as mesmas coisas, eu poderia empurrar o meu carrinho ao lado do seu e a gente vai fazendo as compras juntos. O que acha? Assim ficamos conversando mais um pouco. Além do mais, nós faríamos as compras do mesmo jeito, só vamos determinar a sequência.
— Acho uma ótima ideia. Se isso fosse um filme, eu cortaria exatamente depois da minha fala agora.
— Eu sei qual é.
— Qual?
— "Vamos. Algo me diz que isso é começo de uma grande amizade."

Sorrimos e empurramos os carrinhos lado a lado pelos corredores do supermercado.

5. Enterro

Eu esbarro em uma garota, tentando achar um lugar para ficar. Eu já a tinha visto no velório. Mas sou apenas um amigo circunstancial que jogava xadrez no clube enxadrista do bairro. Paulo era o melhor adversário que eu tinha. E não sei por que, o fato de jogar xadrez com ele todo domingo me fazia sentir um amigo próximo, muito próximo. A ideia se desfez no próprio velório ao perceber que eu não conhecia ninguém. Mas não sei por que, senti que deveria estar no enterro.

— Desculpe. Mas é um sinal de que o Paulo era muito querido. Tem muita gente aqui.

Ela está enxugando as lágrimas.

— Não foi nada. Ele era muito querido, sim.

Ela dobra o lenço e coloca na bolsa.

— Eu não o conheço. Era amigo do meu pai?

— Ah, você então é a Mariana. Ouvi falar muito de você.

— É mesmo? Mas como?

— Eu jogava xadrez com seu pai todo domingo no Clube Bergman.

— Eu sei quem você é. Fernando.

— Sim, sou eu.

— Meu pai falava muito de você. Pena que nós nos conhecemos nessas circunstâncias.

— É...

— Mas espera. O nome do clube é em homenagem ao filme de Ingmar Bergman? O Sétimo Selo?

— É... Isso mesmo. Sobre o homem que jogava xadrez com a morte.

— Meu pai falava muito sobre isso. Dizia que era a única partida que ele não poderia vencer.

— Bom, se permite, isso não é verdade. Ele perdeu muito pra mim.

Esboçamos sorrisos.
— O seu pai disse que você fez estatística na USP.
— É sim.
— Então, se permite de novo. Ah, não sei se devo.
— Diz. Sabe alguma coisa sobre o meu pai que eu não sei?
— Mais ou menos. Na verdade, são coincidências. Uma desconfiança. Uma especulação. Não sei se devo aborrecer você com isso.
— Pode dizer.
— Bom, eu fiz engenharia. E você sabe como o seu pai era obcecado pelos números. Mas a coincidência é assustadora. Você tem um papel e caneta?
— Acho que tem na minha bolsa.
Ela pega um bloco de notas e uma caneta.
— Veja isso. A data de nascimento do seu pai. Ele já te contou sobre isso, não é?
— Ah sim. 02/10/50. É uma Progressão Geométrica de razão 5. 2x5=10, 10x5=50. Paulo Gorgulho Quincas. Progressão Geométrica. PG. As mesmas iniciais do nome dele. A razão em PG é chamada de "Q". E Quincas tem a ver com 5 também. É realmente uma coincidência incrível.
— É. Mas uma coisa realmente me chamou a atenção. O carro fúnebre. É um Audi novo chamado Q7. Fora que não foi nada convencional a data da morte do seu pai.
— É. Bem na hora das festividades. O carro foi comprado às pressas. Na verdade, ele mandou importar. Ainda não está à venda no Brasil. E no dia em que chegou, lembro dele dando gargalhadas sozinho e dizendo
"É muito bonito. É perfeito para ser meu carro fúnebre". Só mantivemos o desejo dele.
— Meu Deus! Ele realmente sabia!
— Sabia o quê?

— Veja. Talvez por causa da "festividade", como você fala, tenha escapado a você. 24/12/06. Para você só parece uma véspera de Natal? Olha de novo.

Mariana olha para a caderneta enquanto eu mostro a anotação.

— Não acredito! É uma PG de razão ½. 24 dividido por dois dá 12. Depois dividido por dois de novo dá 06. Ou melhor, pode se dizer razão dois, já que por causa do ano, "06", não poderia existir um PG crescente. Ainda mais de números inteiros.

— Agora, somando as razões do nascimento dele e da morte. 5+2, temos 7. Razão7. Ou em termos matemáticos, Q7.

Ela fica completamente assombrada.

— Você... você não acha que ele sabia...

— Mariana, estou achando que sim. Talvez ele não tenha ganhado a partida com a morte. Mas é bem capaz que tenha empatado.

— Mas como... Ah, meu Deus...

De repente, ela fica pálida. Quase que tenho que ampará-la. Todos acham normal em função do local e o motivo pelo qual todos nos encontramos lá.

— O que foi?

— Eu... O meu pai me dizia que eu era a razão da vida dele. E eu nasci no dia 7 do 7 de 77. (7/7/77) Razão 7.

— Não pode ser. Eu também nasci no dia 7 do 7 de 77.

Ambos olhamos incrédulos.

— O que isso quer dizer?

— Não sei. Pode ser nada. Mas pode ser tudo também. Que resposta, não?

Ela me olha fixamente.

— Será que seremos a razão de vida de um do outro?

Ela baixa o seu rosto ruborizado após dizer isso.

— Pode ser que seja verdade. Mas teremos que descobrir ao longo do tempo.

— Provar.

— O quê?

— Sim. Como se diz na matemática. A gente vai ter que provar. É um teorema.

— Você tem razão. Você tem razão...

Eu repetia, sem perceber que estava cometendo um trocadilho.

6. Anti-bomba

Mais um dia de trabalho. Ando um pouco cansado. Não sei o que acontece, de repente a minha carga de trabalho aumentou. Pode ser tensão política. Não sei. Só sei que tenho mais uma bomba para desativar. No caminho do corredor, o Capitão Sanches me avisa que eu terei que trabalhar com uma nova assistente. Digo que não trabalho com mulher por razões pessoais e estritamente profissionais. Argumento que não é machismo e sim experiência. Não me dou bem com as mulheres. Inclusive quase dancei numa dessas, quando a "minha assistente" não aguentou a tensão. Pode ser implicância minha, mas qualquer falha nesse trabalho pode custar a vida. A minha vida. Mas como percebo que a mudança vai ser impossível, escuto o breve curriculum da moça do exaltado capitão e me dirijo até o corredor.

— Olá. Meu nome é Joana. — fala levantando a viseira.

— Sei. Que nem Joana D'Arc. Você não acha que esse trabalho é coisa de homem?

— Mais um.

— O quê?

— Mais um que implica por que eu sou mulher.

— Eu já trabalhei com mulheres. Elas não aguentam o tranco. Isso não é machismo. E sim, constatação. Ou experiência própria, se preferir.

— Se eu disser os lugares e as pessoas com quem trabalhei, não vai adiantar nada, né?

— Guarda para você. Para depois montar um esquadrão anti-bomba só de mulheres.

Não consigo deixar de escapar um riso. Mas quando chego na sala, fico apreensivo. Isso não é uma bomba caseira.

— Regulador de mercúrio!

— Pois é. Pelo menos sabe identificar o artefato.

— Eu já desativei algumas dessas quando trabalhei no LAPD. Primeiro precisamos remover o regulador de equilí...

— Ei, o chefe aqui sou eu.

— Desculpe, me empolguei.

Olho para ela com ar de reprovação, mas ela sorri marota.

— Uma bomba de alta sensibilidade. Aqui alicate não serve nem pra fazer unha, mocinha. Vai ter que ter muita concentração. Uma tremedeira e bow! Tudo isso vai pelos ares.

Começamos removendo a tampa. Desligando componentes sensíveis um a um, até chegar no mercúrio. A situação é tensa. O que me conforta é que ela é incrivelmente boa. Em todos os sentidos. Por um momento, até penso na minha morte em boa companhia. Bobagem.

— Pronto. Agora só falta a parte difícil. Agora exige precisão. Uma tremedeira já era.

— Deixa que eu faço isso. — ela diz com uma voz decidida.

— Você tá louca? Eu estou no comando.

— Ei, quantas vezes você desativou uma bomba dessas? Quando estava na escola preparatória? Reconheça. Você não tem experiência nisso. Duvido que no Brasil você tenha desativado esse tipo de bomba com frequência. Além do mais, não sei quem colocou isso aqui e por que, mas é uma das mais sofisticadas que eu já vi. E eu não tenho problemas com dever profissional. Se você insistir em continuar, vou abandonar o posto. Não vou morrer aqui de graça.

Para piorar a situação, ela está certa. Eu não tenho tanta experiência com esse tipo de bomba. Mas não sou burro nem orgulhoso o suficiente quando o que está em jogo é a minha vida.

— Não vou dizer para ninguém que eu desarmei. Pode deixar. — ela fala percebendo a minha indecisão.

— Você tem certeza de que tem experiência nisso?

— Pelo menos eu sei o que fiz na minha vida.

— Agora você precisa inclinar...

— Tenente. Eu sei o que preciso fazer.
— Tá certo. Mas vou permanecer aqui como meu dever manda. Ok?
— Ok.
Ela é incrivelmente habilidosa. Até penso em minha aposentadoria. Precisa, transportar o mecanismo até a mesa. Até prendo a minha respiração. Mais alguns segundos...
— Pronto! Eu consegui!
Eu pulo junto com ela. Nós nos abraçamos. Logo em seguida, percebendo o desconforto da situação, nos separamos.
— Er... Agora podemos ir não? — pergunto sem jeito.
— Sim.
Ela tira o capacete e revela um longo cabelo loiro. Olhos verdes. Ela é linda. Ainda no corredor meio sem jeito pergunto:
— O que fez você querer trabalhar num esquadrão anti-bomba?
— Para acabar com machistas de plantão como você?
Faço cara de reprovação, mas ela ri.
— Estou brincando. Mas talvez você me ache uma louca.
— Por que não tenta?
— Quando era adolescente, decidi que viveria sempre intensamente. Então pensei. Que situação poderia ser mais intensa do que viver na constante iminência da morte? Eu seria até "obrigada" a viver tudo intensamente. Mesmo depois. Não nos sentimos mais vivos do que estávamos antes? Temos ou não temos o privilégio de sentir a vida mais do que os outros? Por isso, decidi ser uma inspetora anti-bomba.
— Hum... Ainda bem que você ficou de capacete lá dentro.
— Por quê?
— Eu teria tremido.
Ela sorri e completa:
— Vamos. Vamos tomar uma. Eu pago.

7. Danceteria

Eu não sei por que continuo vindo nesses lugares. Acompanhar amigos às vezes é chatíssimo. Musica alta. Do tipo bate-estaca. Um amigo meu ainda diz que eu tenho que "azarar" mais. Eu mal consigo ouvir a minha voz, como é que vou conversar com alguém? Quer saber? Hoje resolvi mudar o jogo. Uma mistura de revolta e "chutação de balde". Chego perto da garota de vestido preto. Do tipo que eu gosto. Morena, alta com ar de atriz francesa. Mas veja só o que vou falar.

— Você gosta de Nietzsche?

Ela demora para entender. Olha para mim com cara de espanto e responde no meu ouvido quase gritando.

— Por que você quer saber se gosto de aliche?

Eu dou uma das risadas mais espontâneas dos últimos tempos. Resolvo insistir.

— Gosto de Egon Schille e Francis Bacon. E você?

Ela me olha de novo com cara ainda mais de espanto.

— O quê? *Chilli* e o que com bacon? Por que você está perguntando de comida?

Grita no ouvido.

— Porque eu gosto de Camus.

— Meu, não estou entendendo. Se bem que Kani, até que eu gosto.

Ela sorri, sinto que ela está ligeiramente bêbada.

— Se você gostasse de Truffaut seria perfeito.

Ela arregala os olhos.

— Agora estou entendendo o que você quer. Trufa! Você é um estudante de culinária. Ou um chef. Está testando para ver se tenho algum tipo de compatibilidade gastronômica. Certo?

Até que ela raciocina. Mas continuo insistindo. Aponto para o copo dela e digo:

— Não. Queria que você gostasse de Hemingway.

— Não, não, estou tomando Cosmopolitan. Quer um pouco?

— Só se você já viu Blow— Up. Com o péssimo sub-título de "Depois daquele Beijo".

Ela me olha distanciando um pouco, analisa e faz um sinal indicando o lounge.

— Ainda não tomei esse. Beijo? Quem sabe? Até que achei você bonitinho. Vamos conversar mais um pouco. Vamos pra lá.

Fico completamente perplexo com o desenrolar dos acontecimentos. Mas resolvo ir com ela até o outro ambiente.

— Então?

— É... Está havendo um engano aqui.

— O quê?

— Eu estava brincando.

— Você não queria me beijar, é isso?

— Não, não é isso. Eu falei uma coisa e você entendeu outra.

— Como assim? Eu até que gostei do seu *approach*. Totalmente original.

— Não. É um engano. Vou pro bar, ficar com os amigos.

— O que foi, você não gostou de mim?

— Não, não é isso. Desculpe.

Dou as costas e saio andando. Ela grita atrás de mim.

— Ei, Eu gosto de Nietzsche, Egon Schiele, Bacon, Aliás, Schiele é um dos meus pintores favoritos. Que mais... Camus não gosto muito, gosto de Truffaut, Hemingway, adoro. E... Blow-Up é um dos filmes que eu amo de paixão.

Eu volto completamente surpreso.

— Vo... você... Você estava fingindo?

— Claro. Queria ver até onde você ia. Me espantei quando você falou em Nietzsche. Mas também percebi que você falou porque estava de saco cheio. Então, resolvi brincar um pouco.

Ela fala rindo.

— Entendi. Er... mas acho melhor eu voltar pra lá mesmo.

— Você era mais seguro quando estava achando que ninguém estava te entendendo. Está vendo? Isso também é um subterfúgio.

— Pode ser. Mas isso é comigo. Vou indo.

Saio andando.

— Ei, mas uma coisa era verdade.

— O quê? — me viro.

— O beijo. Você pode me beijar.

— Mas assim?

— Ora, é você quem começou com as situações inusitadas. Presença de espírito você tem. Vamos.

Ela inclina a cabeça para um lado e pisca um olho, ao mesmo tempo em que faz um biquinho. O gesto cômico e meigo ao mesmo tempo me faz caminhar em direção a ela. Assim, nós nos beijamos.

8. Adolescentes

Quando se tem 15 anos, tudo parece complicado. Ainda mais se você usa óculos e é franzino. Vim para esta pista de skate por insistência do Jonas. Mas eu não sei andar de skate. Então fico aqui sentado lendo o gibi do Homem-Aranha.
— O que você está lendo?
Levo um susto. É uma garota que surgiu do nada na minha frente.
— O... O Homem-Aranha.
— Ah, legal. Gosto de Homem-Aranha. Tem mais um?
— Não... Por quê?
— Porque tenho que ficar esperando um mala.
Sorri e aponta com o indicador pra um carinha que está andando de skate.
— Ah... eu também.
Ela é bem bonita. Tem pintinhas no rosto e uma cara de sapeca. Daquela que parece que vem ligada no 220V.
— O que está acontecendo no gibi?
— Hum... O Peter Parker está em dúvida se deve revelar a identidade secreta dele.
— Ah, sim.
— Ele vai se casar com ela.
— Quer dizer que ainda não contou para Mary Jane?
— Você conhece?
— Claro. Já disse que gosto de Homem-Aranha.
— ... Você acha que ele deveria contar?
— Hum... É uma coisa muito complicada. Sabe, às vezes essa coisa de super-poder é, na verdade, nada mais do que os segredos que a gente guarda, não são coisas fáceis de contar. Significa que você precisa revelar uma parte que talvez você tenha muito medo de que a outra pessoa saiba. Aliás, que as pessoas saibam. É uma coisa íntima, sabe? E nesse caso, pior. Vai ter que contar para

alguém que ele gosta muito. E se ela não gostar desse segredo? Ele tem muito medo de perdê-la. Ela pode também achar que ele não contou antes porque não confia nela. — ela fala balançando as duas pernas.
— Acho que ele não devia contar.
— Mas por quê?
— Porque, como você disse, são coisas íntimas. Acho que tem certas coisas que você não deve contar.
— Nem quando você ama alguém, muito, muito?
— Ah, eu não sei se entendo o que é isso.
— Pensa bem. Se você não confiar em ninguém, vai ficar sozinho para sempre.
— Mas já sou um pouco sozinho...
— Ei, qual é o seu segredo?
— Não tenho super-poderes.
— Eu sei, bobinho. O que você tem medo de que as pessoas saibam?
— Sei lá...
— Fala!
— ... Talvez a minha timidez. Achar que as pessoas não me entendem. Sei lá.
— Sei...
— Posso te perguntar uma coisa?
— Claro.
— Você sabe o que é amor? Essa coisa entre um homem e uma mulher?

Fico ruborizado.

— Acho que eu sei. Que nem o Homem-Aranha e a Mary Jane. É quando eles não querem desgrudar nunca. Mesmo que não tenha nenhuma teia prendendo eles.

Aponto algo entre as árvores.

— É como a aranha e a mosca naquela teia? Um é homem e outra é mulher?

— Não sei, acho que não. Acho que é mais como aquilo.

Ela aponta para as duas borboletas que ficam dando voltas entre si, em volta da flor.

— Ô, na verdade, não sei também. Mas é o que acho que deve ser. Como essas borboletas que ficam dançando em volta da flor. Não parece que tem alguma coisa prendendo elas? Mas estão livres. Estão voando. Elas fazem isso porque se gostam. Elas... se amam.

— ... Como seu namorado que fica dando voltas de skate por aqui?

Digo subitamente, mas em seguida fico um pouco triste.

— Mais ou menos.

Ficamos um tempo em silêncio.

— Eu desenho.

— O que disse?

— É o meu segredo.

— Ah, entendi.

Ela me olha com a maior ternura do mundo. O garoto do skate se aproxima da gente.

— Preciso ir.

— Entendo.

— Foi legal te conhecer.

— É...

Ela se encontra com o garoto e saem andando na direção oposta ao banco em que estou sentado. Ela se vira de repente e grita:

— Ei, este aqui é meu irmão. Semana que vem, vou voltar aqui. E eu quero um desenho... Bem bonito.

Abro um sorriso. Fico olhando os dois se afastarem. Viro a página e Peter Parker conta para Mary Jane que tem super-poderes. E eu fico desenhando o rosto dela mentalmente e faço uma moldura em formato de coração, que é feita com milhares e milhares de voltas a caneta, em volta do seu rosto, insistentemente.

9. Livraria

Ela é linda, eu penso. Segura firme o braço da mulher que a guia e olha oblíqua pelos lugares. Ela é cega. Fico imaginando o que ela sente. Sendo tão bonita e não saber disso. Ela passa pelos corredores da livraria e chama a atenção de todos. Muitos têm pena dela e muitos estão curiosos. Eu não consigo desviar os olhos dela. Gostaria de conhecê-la. Mas como? Fico seguindo-a quase que inconscientemente. Seus cabelos cacheados e grandes olhos azuis, e quando ela sorri, parece iluminar tudo à sua volta. Ela entra pelo corredor da poesia. A mulher chama um atendente, fala com ele, em seguida fala com a garota e sai andando para o outro lado da livraria. Na certa, está indo ao banheiro. É a minha chance. Digo para o atendente que o gerente está o chamando e que eu fico com a garota. Ela não escuta a conversa porque está entretida com a música que toca no alto-falante. O atendente me olha desconfiado mas sai em seguida.

Nem a minha educação, nem a minha aparência são de levantar qualquer suspeita. Ela puxa um livro da estante e folheia. Sente o cheiro. Penso como é estranho uma garota cega com as palavras que ela não pode enxergar e me aproximo.

— "O perfume morno de outono sem chuva
Os juncos que se curvam diante do rio corrente
As libélulas que aumentam a tensão d'água
Memórias embaralhadas nas mãos entrelaçadas da amada
E o meu relógio biológico entra em fuso-horário...
— É lindo. É Rilke?
A minha surpresa é maior que a dela.
— É, Shelley? Já sei, é Yeat.
Continuo surpreso.
— Não. É de Farewell. Nick Farewell. Sou eu.
Ela sorri.
— É lindo. Quero ouvir a continuação.

— Antes uma pergunta. Aliás, duas.
— Ok.
— Como sabe tanto de poesia?
— A minha mãe sempre lia sempre poesias. Ela dizia que é para desenvolver a minha memória visual. A segunda?
— Ficou... hum... Ficou cega há muito tempo?
— Sim, eu tinha quatro anos. Por isso não lembro muita coisa do que vi. Mas eu uso a minha imaginação. — ela toca a cabeça com o dedo e continua sorrindo.
— E... Todos devem dizer que você é linda. E deve estranhar sabendo que você não pode saber. Ficou confuso?
— Não. Entendi. Mas isso não faz diferença pra mim. A beleza estética no sentido aristotélico não faz muito sentido pra mim.

Ela continua me surpreendendo.

— O que é beleza para você?
— Beleza para mim é saber que posso encontrar, assim como você fez, entre inflexões, acentos e sutis mudanças de entonação, um pouco da sua alma. De como as pessoas como você ainda acreditam em encontros. Como ainda acredita nas palavras, nos sentimentos, nas gentilezas, como um presente da vida, embalado numa agradável surpresa. Como os juncos que se curvam no seu rio corrente. Nick, as pessoas todas, em sua grande maioria, estão em fusos-horários diferentes. Elas não se entendem. Como você vê, na verdade, eu enxergo muito mais do que a maioria.

Fico em silêncio.

— Não tenho palavras.
— Onde você está? — Eu ofereço a minha mão. Ela pega a minha mão como guia mas, ao invés de levar a sua mão para o meu rosto, leva até o meu peito — Pode parecer piegas, mas não preciso passar a mão pelo seu rosto para saber que você é lindo. É aqui é que está e sempre estará a sua beleza. No seu coração.

Ela é insuportavelmente bela. Nesse intervalo, a mãe da garota e o atendente chegam juntos. A garota, percebendo a agitação, faz um gesto com a mão e sorri. A mãe entende e fala algo para o atendente e mantém uma distância.

— Agora termine o seu poema.
— Entendo.

Enquanto eu recito o resto do poema no ouvido dela. Ela sorri olhando para a frente sendo observada pela mãe que também sorri.

10. Praia

Praia de Jacarecica. A última praia de Maceió. Como seria uma praia virgem antes de ser virgem? É mais ou menos isso. Cheguei aqui às três da tarde. Sabendo que ficaria muito tempo. E fiquei. A tarde foi caindo. O sol foi caindo, o crepúsculo caindo e eu sentado imóvel. Sem tirar os olhos da paisagem. Completamente absorto. Até que caí no sono.
    Algo se mexe ao meu lado. Acordo assustado. É uma mulher.
    — Ah, desculpe. Não quis acordar.
    — Que... Quem é você?
    — Isso importa neste lugar?
    — Acho que não. Mas o que você fa... Ah, esquece.
Silêncio.
    — Achei que seria patético colocar uma cadeira longe da sua, sendo que só estamos nós dois aqui. Companhia não era o que estava planejando, mas seria realmente constrangedor você me ver e eu te ver e não ficar com vontade de rir. Não é? Então, posso me sentar aqui?
Sorrio.
    — Claro.
Mais silêncios.
    — Er... Que horas são?
    — Hahahahahaha. Você não acha que se eu tivesse preocupada com horário, viria aqui, né?
    — Hahaha. Tem razão. Nem eu. Mas como estou há muito tempo...
    — Imagino.
    — Quanto tempo faz... Quer dizer, quanto tempo mais pretende ficar aqui?
    — Hum... Até a música do mar acabar?
    — É realmente impressionante... Nenhuma orquestra do mundo poderia reproduzir tantas nuances da música do mar.

Nenhum andamento, nenhuma melodia, nenhuma nota, nem com todas as colcheias, breves, mínimas, sustenidos e bemóis do mundo, poderia representar a partitura do mar.
— Você é músico?
— Não. Mas sou um interessado. Schopenhauer dizia que a música é a maior das artes. Então eu estudei um pouco.
— Hahahahahahahahaha.
— O que é tão engraçado?
— Eu venho parar nesse cafundó dos Judas e ouço sobre Schopenhauer. Hahahaha.
— É. Exagerei, né?
Ambos rimos.
— A vida é realmente muito engraçada. Eu perco a fé nas pessoas, ou melhor, na humanidade, e encontro alguém interessante no lugar onde deveria confirmar a minha teoria de fim dos tempos.
— Hahahahahahaha. Isso é algum tipo de pegadinha? Alguém mandou você. Cadê a câmera? Esse pessoal do nordeste, realmente sabe divertir os turistas.
— Hahahahahaha. Mas eu falei sério. Isso não é pegadinha e ninguém me mandou.
— Quer dizer que...
— Sim, isso é um encontro.
Após algum silêncio.
— Só espero que não seja como a música.
— Como assim?
— A definição da música. A música só existe enquanto é executada.
— Definição física, né? Materialista. Você pode levar para sempre na sua memória. Duvido que nós consigamos esquecer tudo isso.
Eu me levanto de súbito.
— O que foi? Está indo embora?

— Não. Se é para lembrar, vamos fazer algo inesquecível.
— O quê?
— Vou cantar para você.
— É sério?
— Nunca falei tão sério na minha vida. Humhum...
Então, eu comecei a cantar *When I fall in love* de frente para ela tendo como pano de fundo e testemunha, a inesquecível paisagem de Jacarecica, e somente Deus e possivelmente a garota da minha vida como audiência.

11. Feira

Estou na feira. Acabei de comprar o que tenho que comprar e dou uma passadinha na barraca de pastel. Ao dar uma mordida, uma ficha cai e fico pensando ainda com o pastel na boca.
— Você está bem?
— Hã? Ah, o quê?
— É que você ficou parado um tempão com o pastel na boca.
— Ah, sim. É que caiu uma ficha — falo rindo.
— Ficha?
— Uma metáfora na verdade. Este pastel é que nem a minha vida. É vazio. Quando você morde, sai ar. Metáfora? Isso é coisa que se diga numa feira?
— Hahahahahahaha. Que nada. Foi muito boa. Deixa-me ver. Também sou que nem este pastel que estou comendo. Sou uma derretida que nem esse queijo.
— Hahahahahahaha. Boa.
— Ah, me ocorreu uma melhor. A minha vida é que nem feira. Só tem abacaxi e abobrinha!
— Hahahahahahaha.
— Só espero que não valha só R$ 1,50.
— Hahahahahahaha. Quem diria, você é muito mais bem-humorado que eu.
— Ah, isso é porque você não acorda do meu lado todos os dias.
— Hahahahaha. ... Bom, isso eu poderia fazer. — digo notando ela.
— Isso é uma cantada?
— Acho que sim.
— Ok. O que você poderia fazer para melhorar o meu humor?
— Hum... Eu poderia fazer cócegas.

— Hahahahahahaha. Ah, mas agora me ocorreu uma muito boa.
— Qual?
— Pastel de amor.
— Hahahahahahaha. Como seria isso? Você morde e vira ar?
— Hahaha. Pensando bem, todo amor não é um pouco pastel?
— O pior é que você tem razão.
— Mas não deveria.
— Não.
Fico novamente com o olhar fixo no caldeirão de óleo.
— O que foi desta vez?
— Mais uma metáfora.
— Qual?
— Tô me sentindo aquele óleo fervente.
— Por quê?
— Porque estou frito. Não quero que esse nosso encontro seja o único.
— É... Pelo jeito, uma máxima da feira está errada.
— Qual?
— Nem sempre se encontra só coisa ruim no fim da feira.

12. Teatro

Entro no teatro para assistir ao espetáculo "Romances Impossíveis". Procuro por um lugar vago. O teatro está completamente lotado. Depois de procurar por um tempo, encontro uma poltrona vazia nas fileiras intermediárias.
— Esta cadeira está ocupada?
— Não.
Reparo que ela está sozinha.
— Você está sozinha?
— Sim.
— "Romances Impossíveis." Será que é legal?
— Não sei. Pelo menos o nome é muito bom.
— É. São todas histórias de amor, é isso?
— Eu li no programa que esse tal de Nick escreveu a peça para que as pessoas pudessem arriscar mais, tentarem ser mais humanas, se abrirem mais, serem mais originais, serem mais sinceras, dizerem o que pensam e darem chance a um encontro de verdade. Darem uma chance para o amor acontecer. Tornar Romance Impossível em Possível. Achei bonito.
— Não foi coincidência. — digo após ficar um pouco pensativo.
— O quê?
— Eu te vi lá fora lendo o programa. A maneira como você encostou na parede, inclinou a cabeça, jogou o cabelo por trás da orelha e sorriu... Eu tinha que falar com você. É por isso que estou aqui.
Dois toques soam pelo teatro.
— A gente... pode tomar alguma coisa depois do espetáculo?
— Sim...
Abro um grande sorriso.
Três toques.

Eu olho para a garota por um instante. Ela está olhando para a frente. Volto o meu olhar para a frente. O que eu não ficaria sabendo é que ela me olharia logo em seguida e voltaria a olhar para a frente. E sorrimos juntos na mesma hora até que a luz da plateia se apaga.

Romances possíveis

Muitos falam de impossibilidade do amor. Ou muitos sobre impossibilidade de amar. Será o amor simples ou impossível? O amor é uma batalha ou é um acontecimento fortuito? Com Romances Impossíveis, eu cometo uma leviana mas perdoável especulação sobre o amor. Ninguém é pequeno ou grande demais para discutir sobre o amor. A minha ideia era reunir o maior número de lugares e situações impossíveis para acontecer o amor. Quanto mais inusitado e impossível, melhor. Eu queria que ao reunir os maiores absurdos do amor, o leitor ou o espectador, de tanto se habituar com as impossibilidades, visse-as como possíveis e corriqueiras, e tentasse e vivesse na vida real os seus próprios romances impossíveis. A vida é curta demais para esperar que os encontros nos alcancem, mandem avisos prévios, deem tempo de se preparar ou aconteçam com horário marcado. Eu não posso ir de encontro ao encontro? Brincadeiras à parte, eu queria ter a possibilidade de ter livre-arbítrio ao me lançar ao inesperado, ou na pior das hipóteses percebê-lo e aproveitá-lo melhor quando ele surge. O amor está em todos os lugares. Está no seu "Como você se chama, tudo bem?" com o caixa de supermercado, está no "Eu carrego para a senhora. Onde a senhora mora?" e também pode estar no "Eu quero conhecer você. Me fale um pouco mais de você." Viver tem uma vantagem. O tempo pode não voltar mais. Viver tem uma desvantagem. O tempo pode não voltar mais. Não invente diálogos imaginários, muito menos amores imaginários. Verbalize as loucuras, precipite as ações do seu pensamento e faça do ridículo o seu companheiro. Saber sorrir é a melhor maneira de levar a vida a sério. Exerça o seu direito de ser feliz. É na insistência que a felicidade dá as caras. Assim, quando menos esperar, o impossível será possível. Não, se transformará em sim. Jamais, será para sempre. O único impossível será o próprio impossível. E o amor, já não vai precisar procurar. Ele vai vir ao seu encontro. A menos que ele já não esteja dentro de você.

Nick Farewell

APÊNDICE

BEM-ME-QUER, MALMEQUER

PERSONAGENS

Bem
Mal

Um grito de mulher.
Clarões e barulho de chuva forte. Um homem entra no palco numa camisa de força, cabelos molhados e segurando uma faca na mão direita e uma cabeça (de mulher) decepada e mutilada na outra.

Ato e cena única

Bem
(*arrancando o cabelo da cabeça decepada*)
Bem-me-quer, malmequer, bem-me-quer, malmequer,
Eu amo você.
Mas não posso escolher senão a morte.
Por que o meu destino se resume em matar ou morrer?

Mal
Parado, demônio! (*apontando a arma*)
Larga a faca e...

Bem
Faca e...
A faca e a bola!
(*faz embaixadas com a cabeça decepada*)
Que bonito é...
(*a cabeça rola e para perto do mal*)

Mal
(*levando a mão à boca*)
Hum...
(*em seguida chuta a cabeça para longe*)
É assim que marca o seu gol?

Bem
É. (*sorrindo sadicamente*) Você acabou de chutar a cabeça da sua mulher. Infelizmente você marcou contra, meu chapa.

Mal
Desgraçado! (*atira desesperado*)

Um dos tiros atinge o ombro esquerdo, mancha a camisa de sangue.

Bem
(*começa a rir cambaleando*)
Um, dois, três, quatro e cinco. Cinco!
(*firmando a faca*)
O próximo será o seu ou o meu!

Mal
(*tentando manter a calma*)
Não vou errar. Por Deus. Pela justiça dos homens. Serei hoje seu carrasco, seu executor, que inicie o novo tempo. Serás o último homem sobre a terra. Serei criador e esta noite levarás o segredo contigo.

Bem
Reconsidere, meu senhor. (*irônico*) Sou o único verme a adubar a terra. Quando o mundo todo cair na secura com a demasiada verdade, quem o salvará com um punhado de loucura?

Mal
Mentira! A verdade é verdade até no reino de Lúcifer. Castigo pela redenção. A verdade reina até no inferno!

Bem
Mas então, o gozo pelo castigo? O homem é essencialmente meio demônio. Eu escolho o purgatório para minha redenção pelo gozo.
A dor é o único caminho para a revelação.
O homem é imperfeito!

Mal
Revelação com sangue dos inocentes? Que lógica louca é essa de ter gozo com choro de criança e mulheres mutiladas? Por que tanta carnificina pela satisfação de ser imperfeito?

Bem
É com o sangue dos inocentes que se faz sacrifícios. Uma ovelha morre, e estou mais perto do meu criador. Não há lógica na loucura. Aceite! O outro lado da verdade também é verdade!

Mal
A verdade não precisa de outro lado. O Mal e a injustiça devem ser extirpados. Assim, quando cravar esta bala no meio da sua testa, estará terminado o reino do terror. Terei exercido a minha vingança dos fracos e dos oprimidos.
Eu sou o Bem!

Bem
Então sou o Mal?
Só porque liberto os pobres de espírito e as almas miseráveis do seu fardo?
Existirá bênção maior para os desgraçados do que o descanso eterno da salvação?
Ouça os murmúrios.
Estão todos pedindo clemência e eutanásia em nome do Senhor para livrar-lhes da dor e do inferno de cada dia.
Concedai a paz!
Não vê que Deus já não está mais conosco?
E a minha justiça, assim como a sua, é de morte.
Estamos do mesmo lado sujo.
Somos dois diabos do mesmo demônio.

Silêncio

Mal
É... A noite (*olha para cima*) é do demônio.
O nosso Deus não está mais aqui. Está no seu esconderijo da perfeição, fazendo homens de barro e povoando seus sonhos.
Mas se restaram apenas dois diabos, você e eu, o que será de quem sobrar?
Se eu sobreviver, me tornarei o Mal?
Se você sobreviver, tornará você, o Bem?
(*pausa*)
Mancharei a minha mão de sangue e negociarei a alma?

Silêncio.
Os dois começam a andar descrevendo um círculo.
Param de repente, olham-se fixamente e começam a rir.

Bem
É a minha vez.
A minha piada é muito melhor.
Dizem que um dia Deus encontrou com Satanás e perguntou zombando.
"Satanás, Satanás, por que você tem chifres?"
Então Satanás respondeu:
"É porque você me traiu."

Os dois começam a rir timidamente. Logo as risadas aumentam.
Começam a girar novamente.
Quando as risadas param subitamente.
O Bem atira a faca e acerta a mão do Mal. A arma cai no chão.
O Bem corre em direção a ela, mas, quando a alcança, é interpelado pelo Mal que sacou uma outra arma escondida na perna.
No chão, o Bem aponta no queixo do Mal e o Mal na testa do Bem.

Mal
E agora?

Bem-me-quer, Malmequer

Bem
Você nunca brincou de cowboy?
Conte até três e atire!

Bem e Mal
Um, dois, três!

As luzes apagam-se por completo e escuta-se apenas um tiro.
Em seguida ouve-se um coro de crianças.

Bem-me-quer, malmequer, bem-me-quer, malmequer,
Bem-me-quer, malmequer, bem-me-quer, malmequer,
(*pequena pausa*)
O escolhido foi você.

MEU REI

PERSONAGENS

John
Rei

Cena 1

Clareira de uma montanha. Um rei está sentado no tronco de uma árvore cortada, improvisado como um banco. John, o seu súdito, passa a espuma de barbear no rosto do rei.

Rei
John, cuidado com essa lâmina.

John assente com a cabeça, mas se distrai e corta o rosto do rei.
Ah, Você me cortou!

John, assustado, leva as mãos no rosto do rei.

Rei
(*rejeitando a mão do John com raiva*) Seu insolente! Você me tocou!
Pela lei de Isildor, suas mãos devem ser decepadas.

John se curva diante do rei.
Silêncio

Rei
(*amargo*) Traga-me a água.

A luz cai.

Cena 2

John despeja água nas mãos do rei que lava o rosto.

Rei
(*nervoso*) John! Esta água está fria!
Quantas vezes eu tenho que dizer que a água tem que ser morna!?

John
(*prestativo*) Vou aquecê-la, majestade.

Rei
(*irritado*) Deixa. Dê-me a toalha. (*John entrega*)
(*enxugando*) Então, o que temos para o jantar?

John
(*receoso*) É... Lebre assada, majestade.

Rei
(*esbravejando*) De novo? Acabei de almoçar lebre assada. Ontem, comi lebre assada. Anteontem, comi lebre assada. É só isso que tem?

John
Mas nestas florestas...

Rei
(*interrompendo*) Desculpas, sempre desculpas. Eu perguntei, se há alguma outra coisa para comer.

John
Temos "cremoa" em conserva, que trouxemos do castelo, meu rei.

Rei
Mudei de ideia. Vou jantar lebre assada. (*levanta-se e deixa cair a toalha. John recolhe*).
(*contemplativo*) John, pensando bem, este lugar não é de todo mal. Veja! Lírios. Ah, Catarina gosta de lírios. Ela costumava colocar atrás da orelha e passear pelo jardim real. Ela virá hoje à noite, não?

John
(*assombrado*) Mas a rainha mo...

Rei
(*interrompendo*) É... ela fala demais, às vezes. (*sai do bosque*)

John
Terá o meu rei enlouquecido? Justo esta noite que esperamos os aliados para a contra-ofensiva? Contra-ofensiva? O que estou dizendo? cinco mil contra cinquenta mil. Ou pior, se o ducado de Cawdor sucumbiu, teremos não mais do que três mil. Uma guerra perdida! Se ao menos tivesse aprendido a lutar. Se ao menos soubesse como manejar uma espada. (*pausa*)
Nasci fraco de sangue, mas com esse orgulho desvairado de servir ao mais nobre dos nobres... Uma nação em frangalhos e um rei sem reino.
Dai-me força, meu pai. Dai-me forças para cumprir o vosso desejo de leito.
Não há um bom ou um mau rei. Existe apenas o rei. Meu rei.
Meu Deus, a minha única religião. O meu único amor neste mundo casto, puro e sincero como o primeiro homem na terra. E o último a seguir muito além desta vida. E se por ventura, o meu rei se encontrar no próprio inferno, ainda assim o seguirei.

Cai a luz.

Cena 3

Rei
(*como num transe*) Se pudesse ficar louco... e vagar para sempre pelos bosques, árvores e florestas até que tenha esquecido completamente tudo. Da minha condição de rei... (*pega a coroa na mão*). Um rei sem reino eu sou. Uma ironia do destino eu sou. Deus! Se há algum pecado no meu corpo, não castigue mais o meu povo. Não castigue mais os homens do bem. Deus. Castigue-me, mate-me! Não a minha Catarina...
Castigue este miserável inapto para a vida. (*deixa cair a coroa*) Responda, Deus. Por que não a minha morte!?

Silêncio

(*puxa um punhal da manga*) Se Deus já me abandonou, deixando-me à mercê do destino, não mereço mais entrar no céu. (*levanta o punhal e detém-se um pouco*) Meu bom e gentil John, perdoe-me. Mas já não terá mais um tirano rabugento para aguentar.

John
Não!!!! (*entra desesperado*) Não, não, meu rei. Não faça isso! Pela alma da rainha morta! Não!

Rei
Nada me restou, John. E agora vou me encontrar com a Catarina.

John
Não, majestade. Os aliados se aproximam. Recuperaremos o reino em pouco tempo.

Rei
Quem está querendo enganar, John? Deus está pedindo uma morte e eu lhe darei uma.

John
(*adiantando-se*) Então dê a minha, majestade. Troque a sua vida pela minha de servo imprestável. Assim, finalmente terei sido de alguma utilidade. Dê-me esta honra. Deixe que Deus sacie a sua ira, Majestade. Não tire a única esperança do nosso povo.

Rei
(*pensativo, mas levanta o punhal. John corre e segura o punhal*)
Solte, John! Isso é uma ordem real. Você será punido. Sua mão será dece... (*soluça*) Eu sou o rei. Não pode me toca... (*deixa cair o punhal*)
O que me resta, John, senão a minha miséria?

John
Resta a miséria de um povo, meu rei. Resta um povo que espera o retorno de um bom rei. Que termine com sua dor e sofrimento. Sois a nossa esperança maior. Aqui na terra onde a mão de Deus não alcança, sois a maior autoridade. Meu rei, o nosso povo não tem medo da morte. Pois muito mais forte do que a própria morte é o laço de amor que nos une e que nenhum inimigo pode desatar. A existência de um homem na Terra não se resume só à vida. O propósito da nossa existência é muito maior. É por isso que lutamos. Não nos importamos com o resultado da batalha. Só precisamos de um guia, um rei que nos incendeie e que nos faça acreditar. Mais uma vez ou pela última vez.
Sois o nosso rei. (*coloca a coroa*) Agora, apronte-se, meu rei. Os aliados estão chegando.

A luz cai.

John
(*com uma faca fere a mão*) Meu pai, não obedeci ao meu rei.

Cena 4

Os aliados chegam. O rei está acompanhado por John sentado no tronco. John exibe um curativo na sua mão esquerda. O rei olha por um momento compreendendo.

Rei
(*levantando subitamente*) Glamis! Você está vivo...
Aproxime-se. Segure a minha mão.
Jones, você também. Wakes! O pequeno Stephen está vivo também? Onde?
Onde está Cawdor?

Voz em *off*
Infelizmente foi morto na batalha.

Rei
Mas quem são aquelas pessoas?

Voz em *off*
São camponeses que souberam da batalha e se juntaram a nós.

Rei
O meu povo. Quantos? oito mil!

Voz em *off*
Porém, meu rei, cometi o erro de deixar o rastro. O inimigo...

Rei
Quer dizer que não temos muito tempo.
Abram o caminho.

Silêncio. O rei olha para John por um momento.

Rei
Meus amigos!
Estamos aqui reunidos para talvez a última batalha das nossas vidas. Mas uma batalha que não precisamos vencer. (*murmúrios. Faz o gesto de silêncio.*)
Pois a justiça já foi feita. Todos se encontraram neste lugar!
Medo, sim. Falemos de medo. Aqueles que estão com medo não precisam se envergonhar. Pois vós sois feitos de carne e osso. E Deus nos deu o livre-arbítrio. Ninguém, ninguém precisa lutar se lhe falta coragem. Vossas vidas são caras, voltai para vossas famílias que vos são mais úteis.
(*silêncio. Ninguém se manifesta*)
Meus amigos. (*contente*) É a hora de acender uma luz nas trevas da nossa mera sobrevivência. É a hora de justificar a premissa de Deus de que somos a sua semelhança.

É a hora da nossa transcendência!
Que o céu e a terra troquem de lugar. Que o destino traga suas pragas. Somos homens! Somos maiores do que nossos destinos.
E esta noite reescreveremos os nossos destinos!
(*de repente puxa o seu punhal e corta a ponta do dedo*)
Vede. Meu sangue. Não é azul. É vermelho como o vosso. Aproxima-te, John.
(*John corta o dedo. Os dois seguram a mão e o rei se dirige aos súditos*)
Agora és meu irmão assim como vós sois.
Meus irmãos!
Esta noite me sinto imensamente feliz e recompensado.
Pela minha vida e pelas vossas.
Agora somos um e único.
A minha alma é vossa.
O meu coração pulsa junto convosco.
E esta noite derrotaremos todos os demônios.
Com um único braço.
Vamos à luta! (*levanta a espada*)
Traga-me o escudo! (*demora*)
(*John se antecipa com a bandeira*)
Não preciso mais de escudo.
(*ambos gritam correndo*)

A luz cai.

Cena 5

Batalha. Rei e John lutam por algum tempo. John cai e o rei o acode.

Rei
John!

John
(*grita de dor*) Meu rei... tiveste razão. Sou mesmo um súdito muito insolente. Vou primeiro.

Rei
Não, John! Fredrik! Alguém...

John
Escute, meu rei. A vida inteira tenho sido feliz. Só uma coisa me deixaria muito triste. Ver um rei chorar por um súdito muito do ruim. Meu rei, abra os meus olhos quando eu deixar de respirar. Quero continuar a acompanhá-los.
Não vai se livrar de mim assim tão fácil, meu rei... (*morre*)

Rei
John! Não! Pela ironia do destino, aqui na terra fui seu rei. Mas no reino do céu, se nos encontrarmos novamente, serei para sempre o seu súdito, e serás para sempre o meu rei. Mas fique de olhos fechados. Não há mais nada para ver aqui... meu rei. As nossas vidas já fazem sentido. Adeus, meu rei.
O rei, empunhando a espada, sai gritando em direção à vida.

ONDE O AMOR TERMINA

PERSONAGENS

Homem
Mulher

Luz no centro do palco. Na parede, um pôster de circo. Quando a luz alarga, descobre um casal de namorados. A mulher está sentada no chão; e o homem está deitado no chão apoiando a cabeça nos joelhos dela. A mulher tenta erguer o homem repetidamente e, não obtendo sucesso, cai em desespero e chora. O homem, quase sem reação, tem no rosto uma expressão nítida de dor e leva a sua mão ensanguentada onde se vê visivelmente um ferimento a bala.

Homem
Para com essa choradeira. Até parece que alguém vai morrer. (*fala com dificuldade e tosse*)

Mulher
(*chorando*) Vô...

Homem
É. Mas uma coisa você tem razão. Preciso consertar o telhado. Quando o verão chegar, já será tarde. (*as falas são interrompidas diversas vezes pela dor*)

Mulher
(*tentando conter o choro*) Seu bobo. Quando o verão chegar, o telhado ainda vai estar lá. Mas você... (*bate no peito do homem e debruça-se sobre ele*)

Homem
(*solta um grito seco*) Assim você me mata! (*esboça um sorriso*)

Mulher
Fala sério uma vez na vida.

Homem
Como vou ser sério, se nasci homem. Se tivesse nascido outro bicho...

MULHER
Uma mula. (*indignada*) Você é teimoso até na hora...

HOMEM
Até na hora de dormir. (*mudando o tom da voz*) Espero que você tenha passado a mensagem para o Júlio.

MULHER
(*distraída*) Mensagem? Que mensagem?

HOMEM
(*parece readquirir subitamente a força*) Não brinca, mulher. Há milhares de homens morrendo lá fora e vivendo somente pela esperança de um dia toda essa zorra acabar.

MULHER
(*recompondo*) À resistência. Entreguei sim.

HOMEM
Malditos. Achavam que estava comigo.

Silêncio.

HOMEM
Coelhinha. (*silêncio*) Você ainda está ai?

MULHER
Sim. (*trêmula*)

HOMEM
Querida, me diga, se você vê aquela estrela...

MULHER
(*olha pela janela*) Sim, um pouco apagada, mas está lá.

Homem
(*triste*) Queria acabar junto com a minha estrela. Mas os homens são estúpidos. (*tosse*)

Mulher
(*tentando consolar*) Mas o novo tempo virá. A resistência vai vencer.

Homem
(*amargurado*) Não há vencedores nesta guerra. Homens de verdade não jogam granadas. Homens de verdade seguem suas estrelas. Nascem, vivem, sofrem e morrem com ela. (*pausa*) Olhe, olhe pela mesma janela, debaixo das estrelas, em nome do regime político, a sagrada lei dos homens, pela liberdade, pela supremacia do poder, estrangulam o que ainda resta do homem. Veja se há alguma diferença entre resistência e colaboracionistas. Seu irmão era um colaboracionista.
São todos homens. Apenas homens.

Mulher
Eles lutam porque acreditam. É pelo ideal. Não acredito que estou dizendo isso pra você. É infantil.

Homem
Só será infantil se tirar as armas das mãos de crianças. Esqueça a guerra lá fora. Não vamos trazer aqui pra dentro. Afinal de contas, estou morrendo. (*olha para a mulher procurando um gesto de reprovação*) Não se zangue. Você bem sabe que lutei a vida toda. Lutei até com um tigre. Lembra?

Mulher
(*sorrindo*) Lembro. Bela exibição aquela. Pena que o tigre era manso, velho, e ainda por cima banguela.

Homem
Mas você achou engraçadíssimo.

Mulher
Claro. Depois que a sua calça rasgou. Lembro da sua cara até hoje.

Homem
É. Maldito tigre. Foi uma boa vingança. (*divaga*)
(*tentando se erguer*) Deixa ver o seu rosto. Continua divino, apesar dos anos. Sou um homem de sorte.
Pena não ter sido muito bom pra você.

Mulher
Não diga isso. Olha o tigre, hein?!

Homem
(*sorrindo*) Tá bem. Mas nunca pude comprar sequer uma aliança pra você. Você não vai acreditar. Eu até juntei dinheiro num pote, mas perdi.

Mulher
(*sorrindo*) Eu sei. Você lembra do casaco de inverno que ganhou do Papai Noel?

Homem
(*surpreso e emocionado*) Foi você. Sua ladrazinha. (*se contorce e grita de dor*)

Mulher
Calma. (*desesperada*)

Silêncio.

Homem
(*em agonia*) Nós nos encontraremos de novo, não vamos?

Mulher
Vamos... (*soluça*)

Homem
Amei você por toda a minha vida. Lamento por não ter amado mais. Mas, se existir uma outra vida, amarei de novo com todo o meu coração.

Mulher
Deus, não permita...

Homem
Não, não pronuncie o nome de Deus em vão. Não mereço.

O homem se contorce muito mais do que das outras vezes. Respira com dificuldade e a mulher volta a chorar.

Homem
Canta pra mim?

Mulher
O quê?

Homem
Canta aquela.

Mulher
Não posso. (*enxuga a lágrima*)

Homem
Mas você nunca negou...

Mulher
Agora não consigo.

Homem
Por favor, por mim.

Mulher

(*hesita*) The night weee... met I knew I need... needed you so (*interrompe e chora*)

Homem

Ei, não para. Continua. (*sem força*)

Mulher

Be my... be... mm..my baby. Say you'll be... be... my darling. Be my baby now...
(*Cai em cima do corpo do homem que já não se move mais*)
A luz vai diminuindo até apagar.

Toca Be My Baby, a música que a mulher estava cantando.

Reversíveis

Essas três peças do apêndice, eu escrevi, dirigi e atuei. Fui o *Bem em Bem-me-quer, malmequer*, rei em *Meu Rei* e obviamente o homem que morre em *Onde o Amor Termina*. Estudei por minha conta Stanislavski, Meyerhold, Artaud, Brecht e outros. Adorava o teatro de Eugênio Barba e amava Grotowski. Como bom obsessivo, tentei ler o maior número de peças possível e além do *hors concours* Shakespeare, fui arrebatado por Eugene O'Neill. Li tudo o que conseguia encontrar e por um tempo, tive até uma companhia de teatro amador. Ajudando uma atriz da companhia que queria cursar artes cênicas na USP, acabei lendo todos os livros teóricos e mais peças fundamentais que ainda não tinha lido. Fui um autodidata do teatro. Um apaixonado, a definição certa. As minhas primeiras incursões na escrita foram peças e não romances. Se tentasse classificar as minhas inclinações literárias de grosso modo, eu diria que a literatura foi o meu amor e o teatro, a minha paixão. Um dos motivos da minha desistência da engenharia foi a encenação de *Vereda da Salvação*, de Antunes Filho. Assisti, não lembro ao certo, três ou quatro vezes e percebi que o caminho e a salvação da minha vida era só uma: eterno aprendizado. Lembro que comprei as obras completas (Marta, a Árvore e o Relógio) de Jorge Andrade em seguida e intensifiquei a minha leitura até me transformar em leitor realmente compulsivo. Este livro é antes de mais nada um agradecimento. Uma demonstração de gratidão a todos esses homens extraordinários que salvaram a minha vida e me guiaram pela estrada redentora do conhecimento. Eles me ensinaram que tudo na vida é reversível. Tudo é transitório, permutável, fluido e cíclico. A única ação que me configura como verdade é a continuidade. A ascensão e a queda como moto-perpétuo e a vida e a morte servindo de trama do tempo para tecer a história da humanidade. A grandeza, no fim, me parece risível. Assim, a minha existência desprezível não me parece melhor ou pior do que de qualquer homem. Não se trata da ideia de igualdade, mas sim de unidade. Se podemos ver mais longe por estarmos apoiados nos ombros dos gigantes como Newton, de ombro a ombro com todos os homens, podemos enxergar o futuro do próprio universo. E se os sinos dobram não por apenas um homem, mas sim por toda humanidade, me parece a justificativa certa encarar e entender a missão como de todos. Faço sentido na presença de todos e na existência de todos. À minha direita e à minha esquerda estão os meus irmãos de amor e todos à minha volta e também eu na multidão, fazemos parte do mesmo corpo humanitário. Se eu me vejo nos outros e se os outros se veem em mim, eis o objetivo e o sentido da minha vida. A maior reversibilidade está em confirmar a sua individualidade na coletividade. Eu, aqui presente, de corpo e alma ciente dos outros em mim e tentando oferecer a mim aos outros, dedico este livro de letras mal embaralhadas, ingênuas filosofias e otimismo ofegante para todos que queiram de alguma forma reverter-se em um ao outro. A minha voz é o que sai da boca de outro. A minha escrita é o que eu leio nas palavras ordenadas do outro. O que eu vejo é o mundo visto pelos outros e o que eu sinto, é o que todos sentiriam se estivessem em mim. A minha oração personificada e peremptória, tem ideia de um, mas voz de todos. No meu teatro, tem 7 bilhões de atores que se comportam como um. Pendurem a luz lá em cima para que ela possa iluminar a todos. Preparem a música para que todos possam se alegrar ou chorar. Arrumem os objetos de cena para que todos possam confirmar as suas existências através da materialidade. E abram a cortina com convicção, para que tudo comece e termine no verbo chamado amor.

Nick Farewell